媽咪！
今天穿什麼？

SUPER MA

一種潮態度，15 堂時尚課，
資深服裝採購教你引導出孩子的自主美感！

目次

課外活動 Extracurricular Activities

前言

因為太喜歡童裝的緣故……

我叫 Joanne，是福福、吉吉兩個孩子的媽，我開了一間童裝店，裡面擺滿了我心中長久以來的夢想。開店一年多來，經常遇到客人問我：「妳店裡的衣服都好可愛喔！有沒有我可以穿的尺寸？我個子這麼小，可以讓我試穿看看嗎？」這些充滿好奇的提問，給了我好大的鼓勵，讓我堅信小孩子的可愛有很多種可能性，也發現原來有這麼多人和我想得一樣，女孩不一定要全身粉紅色，男孩不一定穿了汽車超人才叫酷。

應該有一種可愛，是連大人都會湧起純真的渴望。

因為店內主要商品為進口的設計師品牌，每季我都會到歐洲訂貨，這些經過精心挑選的衣服，也成為我跟孩子間互動的橋樑。他們從小因為媽媽工作的關係，養成我們每天會討論要穿什麼衣服的

習慣，也許是受到我不斷地潛移默化，漸漸培養出挑選服裝的自主性，對美的感受力也從小開始建立。

至於，為什麼我會開童裝店？

其實要從我熱愛買童裝這件事情說起。

在我還沒有小孩、甚至還沒嫁人的年紀，就開始買童裝！！！大約高中時我就開始憧憬未來的家庭生活，常常想著以後我要生幾個小孩？他們會長什麼樣子？我要怎麼打扮他們？母愛很早就在我的心裡萌芽，光是可以打扮自己的小孩這件事就讓我興奮不已。還不只如此，我逛街的時候，會不由自主地逛去童裝部，看到可愛的童裝就會很著急，心裡想著：「怎麼辦？我還沒有小孩，以後會不會買不到這樣的衣服了？」所以，我從好早就開始買童裝……聽起來很瘋狂吧？但我就是無法克制呀！小孩子的衣服實在太、可、愛、了！先買起來放再說！

真正第一次下手買童裝，是大學剛畢業不久。我衝動地買下一條 Raphael Lauren 的小牛仔褲和一件上衣，那時候台灣沒什麼童裝品

每逢紐約時裝週，這位先生都會
出現在秀場外，用誇張的打扮引
人注目。

與街拍大師 Scott Schuman 在紐約秀場外合照。

因為太喜歡童裝的緣故⋯⋯ 　9

牌，兒童的牛仔褲更是少見，所以我猶豫了好久還是忍不住結帳了……往後每當我搬家，這些小小的衣服也跟隨著我，那時我深深相信，總有一天，我會有自己的孩子，他們一定有機會穿上這些可愛的衣物，這可是我人生中最想做的事呀！而事實上，我兒子真的穿到我當年買的那件牛仔褲喔！這些未婚前買的童裝，因為太有紀念性了，我一直都好好地收藏著，直到現在孩子已經穿不下了，我還是很珍惜地把它們收在衣櫥裡，捨不得送人。

年輕時我就是個很會照顧衣服的人，每天穿過的衣物都用手洗，一件白上衣也可以穿很多年那種，所以這些小人衣物可以一直被好好保存著。當然現在當了兩個孩子的媽之後，比較怠惰了，沒辦法繼續這麼用心照顧衣物，但服裝對我來講，一直是很重要的生活元素。

大學畢業後，我的工作也一直跟服裝有關，後來當了採購，每年的時裝週不斷地飛來飛去，穿梭在 Showroom 和秀場間，再忙再累也甘願，因為這是我夢想中的工作。○八年我和先生充滿期待地迎接我們的第一個小孩，工作和家庭生活都堅持親力親為的我

們，也因此新生活充滿更多挑戰與驚喜。

忙碌的採購工作很快就瓜分了照顧小孩的時間。記得我女兒出生才三個月左右，就得跟我一起去公司加班，進大貨的時候，身為採購必須做最後的配貨工作無法準時下班，女兒就躺在成堆的新衣服中陪著我。那時女兒還不會爬，有次我怕她會從桌子上滾下去，忙碌老媽我靈感乍現，用一大堆衣服把她圍在中間，我還拍照留念這一刻。到了女兒再大一點，她會站會爬了，我乾脆找一個大紙箱把她放在裡面，讓她玩著吊牌看著我們大人工作，她可以說是在衣服堆中長大的。因為老公工作的關係，常常只要遇到我必須加班的日子，小孩就跟著媽媽待在服裝公司，同事們也幾乎是看著我的女兒長大。

這樣家庭事業兩頭忙，還要經常出國的日子持續了一段時間，母愛強烈的我很希望能夠有更多的時間陪伴孩子成長，另外一個原因也是我又懷了老二，現實讓我開始思索未來該怎麼樣安排才是最恰當的呢？不斷的抉擇後我選擇了回到家庭，但是採購魂卻沒有因此而中斷過。有了孩子之後，買童裝開始變得是順理成

章的一件事，可是台灣的進口童裝品牌有限，買起來真的是不過癮啊！以前我總是趁著出國採購期間順便採買小朋友的衣服，或是直接在公司下單設計師品牌的童裝，我猜想，一定有不少像我這樣在台灣買不到童裝的爸媽。於是，原本只是天馬行空的幻想，在離開職場後轉換成一股使命感，覺得應該要付諸行動，實踐長久以來藏在心中的夢想，「開一家屬於自己的童裝店」！當 SuperMaKids 這個名字閃過我的腦海時，我覺得太完美了！正如同諧音「超市」一樣，太適合那種「買衣如買菜，什麼都能賣」的氛圍了！

這個店名藏在我腦海中好久，當大大的招牌終於掛上的那一刻，我一邊有點心慌，覺得自己好像還沒準備好，一邊又覺得好開心，我終於實實在在地踏上了夢想之路：可以當最愛的童裝採購，也可以陪伴我的家人。

這間店不受品牌的限制，每一季我會親自到歐洲採購，挑選出法國、丹麥、瑞典等童裝設計師品牌的精彩商品。整間店的布置採用工業風揉合北歐極簡、冷調的風格，完全不走可愛的遊樂場路

SuperMaKids 店內一隅。

線。同樣的，我挑選的童裝也以時尚、素雅為主，並且兼顧舒適與功能性，畢竟給小朋友穿的衣服，功能與舒適還是很重要，不能只以滿足爸媽的眼光為訴求。我希望打造出一間有別以往的童裝店，讓時尚的爸媽打破傳統童裝款式繽紛的窠臼，踏進這間風格簡約獨特的小店，幫小孩選購衣服。

決定開店前，我們花了很長一段時間和女兒溝通，讓她知道開店以後可能會很忙，可是也會認識好多小朋友；甚至在全家人的第一次巴黎行時，探訪當地的童裝店、遊樂園、公園等等，盡可能讓她接觸並了解媽媽夢想中的店會是什麼樣子。當時弟弟還很小，所有的體驗和寶貴的意見都由女兒包辦了！於是我們有了第一個元素：畫畫的桌子；因為巴黎的童裝店幾乎都有一張小小的畫畫桌，當她發現這個特色後，走進每家店第一件事就是找尋桌子坐下來畫畫，偶而畫累了來找專心逛街的媽媽，讓媽媽在她身上比畫比畫挑選的衣服。那段時間我們有著很美好的親子購物經驗，絕不是因為身處花都的浪漫加分，而是充分自由及受尊重的購物環境，加上琳琅滿目的漂亮衣裳包圍，心情自然放鬆而愉悅啊！

爸爸在旁邊也沒不自在過，弟弟爬呀爬地滿場飛，從來沒有被厲聲制止或白眼。巴黎人冷漠歸冷漠，但是他們對小孩的包容和禮遇，是令人留下深刻印象的。

回國後到決定開店中間有很長一段時間，我們不斷回憶巴黎行，也因為女兒對這趟旅程中的許多細節都能保有驚人的記憶，而讓我們常常有機會討論開店的可能性與心理準備。這家店對我們來說是全家人的事，從衣架的大小，掛衣服的高度，採購下單的每一件商品，都有我們親子溝通的軌跡；開店之後有幾個月的時間她天天待在店裡，讓媽媽我很欣慰她真的喜歡這個地方，也因為有她的參與而修正了很多媽媽天馬行空設定的方向。

我想這一路以來的溝通就是帶來甜美果實的最佳方法。

回歸到服裝的選擇穿搭，你和孩子溝通了嗎？

在巴黎童裝店內畫畫的福福。

除了服裝之外，福福最喜歡的就是畫畫了！

時尚媽媽經：
與孩子開始穿搭話題之前

常有很多人問我要怎麼幫孩子搭配衣服？其實聽到別人這麼問我，我的心裡是有點慌張的，我自問著：「我真的這麼會幫小孩打扮嗎？」這個問號放在心裡想了很久，但在童裝店裡常和其他爸爸媽媽交換心得後，我慢慢歸納出一些感想。

挑選衣服的時光很美麗

透過幫孩子挑選衣服與打扮的過程，我享受了很多親密互動的時光。除了嬰兒時期需要一些好帶的寶寶二手衣之外，我很少募集朋友的小孩穿不下的衣服，因為我太喜歡挑選童裝的那種心情，可以如此專心為妳所愛的人挑選衣物的幸福感，充滿踏實並期待見到他穿上的那一刻；就像大學時買下第一條兒童牛仔褲的回憶，我的腦海裡總是會出現，「我的小孩穿上這件衣服會是什麼樣子？」的畫面，這是非常甜美而私密的喜悅。

每一個當下都不會再回頭

小孩子的成長速度很快，很多父母也許會覺得幫孩子買新衣服，可能很快就穿不下了，但我的想法卻是，這些時光一去不回頭，我要把握每一個當下，所以也從來不會買過大的衣服，只為了可以穿久一點。因為小朋友的衣服尺寸不合，穿起來型就不對，而且袖子褲長過大反而容易磨擦或弄髒。我希望日後翻看照片，他們每一個階段都穿著得宜可愛，這是回憶的一部分。就像我以前看著自己小時候的照片，會注意媽媽給我穿了什麼衣服，我得感謝很愛打扮我的媽媽，讓我總是漂漂亮亮的，這對我來說是一輩子的回憶。

了解孩子的內心世界

與孩子討論要穿什麼衣服，是一個了解孩子性格的好機會。如果福福喜歡這件衣服，我會問她為什麼？她的答案往往出乎我意料之外；了解孩子喜歡穿什麼衣服，也是進入孩子內心世界的大門。像是福福最近喜歡穿窄管褲，我問她為什麼？她告訴我這樣看起

這身打扮總是吸引路人目光！

來腿會很細很長。我聽了哈哈大笑，她還這麼小，管什麼腿細不細？長不長？但是孩子就是很在意呀！孩子有他們的審美觀，這是我們這些父母常常忽略的地方，以為孩子不會懂這些，顯然大錯特錯哩！我也因此學到一課。

挑衣服也是一種好陪伴

和孩子討論今天要穿什麼衣服，也是我們親密玩耍的過程。比方說，我會讓福福自己挑衣服，她有時候會故意亂搭（因為她很清楚我的穿搭鐵則，不能阿花）。有一天她就把我給嚇到了，她搭了一身都是圖案，整個人花俏到不行。我一看就知道她在耍寶，也許是好奇我的反應，也許是想挑戰我的接受度。這時候我就會放下手邊的事情，陪她一邊聊天一邊重新挑衣服，跟她說為什麼A搭B比較好。看孩子怎麼穿衣服，也可以看出他們的心情，或了解她在學校的生活唷！

為什麼孩子怎麼穿都缺乏時尚感？

如果你有這樣的疑惑，我必須很誠實地說，孩子學習穿搭的方

式主要受父母的影響，如果父母本身不在意流行資訊卻希望打扮出很時尚的孩子，是有點困難；孩子對衣著的態度和美感往往最早由父母所建立。就舉我們家的兩個孩子來說，他們怎麼穿都很素，因為我跟他們爸爸屬於穿衣服都很簡單的人，我不擅長選購花花的東西，所以自然很少幫孩子採買花俏的衣服，此外他們也沒辦法從父母身上看到花俏衣服的搭配經驗參考。

幫孩子穿得時尚這件事方面，我可以給一些小小的建議方向：

· 注重整體造型而不是把喜歡的單品穿在一起。
· 髮型跟鞋子同等重要，不能馬虎。
· 身上不要出現超過三個顏色。
· 盡量營造 5：8 的上下身黃金比例，來修飾小朋友較易出現的五五身材。

如果希望把孩子打扮得很好看，希望孩子以後懂得穿著，爸爸媽媽自己也要先努力嘍！有了這樣的心理準備，我們就開始和孩子一起開心討論，「今天穿什麼」吧！

我的穿搭溝通法

從小接受媽媽不斷挑戰的穿著打扮：
黑色／牛仔褲／誇張流蘇。

我的老大是女兒，她從小出門，就一直有人來詢問她身上穿的衣服：「這件衣服好好看，妳在哪裡買的？」還會有陌生人詢問可否預約她穿不下的衣服。這個訊息告訴了我，原來我幫她買的衣服真的很多人喜歡，何況當時她身上穿的衣服，從來不是知名大牌子。有時我怕大家只是口頭上客氣，但衣服配件送出之後，看到朋友的小孩真的有穿著和使用，讓我越來越確定自己選的童裝是有人喜歡的，開始逐漸累積我在童裝選購和搭配的信心。

也因此，對於翻開這本書的爸媽們，我要跟各位先溝通一個心得：從孩子還沒有判斷力與決定能力穿什麼衣服的時候，爸媽如果就幫孩子先畫了一條線，這個布料太硬他不穿、這個顏色他不穿，那麼孩子長大以後，他就真的沒有機會嘗試了，因為他不會選擇沒接觸過的衣服。所以爸爸媽媽們，請先打破你設下的限制，在寶寶還小的時候，放手大膽嘗試，才能為你的小孩找到最舒適又符合個性的時尚穿著！

我的孩子不穿牛仔褲？

由於服裝採購是我的工作，衣服也一直是我生活中的重要元素，我看孩童服裝時，會有一些不同於一般大眾的想法。例如，很多人會問我：「妳為什麼會挑選這麼多牛仔褲？小孩子不喜歡穿牛仔布吧？」但我卻相信小孩子非常適合穿牛仔褲，第一當然是功能與造型兼備，牛仔褲耐髒，好活動，很符合小朋友精力充沛的狀態；第二是非常好穿搭，我們大人都知道牛仔褲隨便搭一件襯衫或 T-shirt 就很有型了，童裝當然也不例外，尤其是小小孩的迷你版，總是讓我瘋狂！

其實孩子很小的時候，打扮都是爸媽依自己的眼光決定，沒有親子溝通的途徑，有些父母會跟我說：「我的小孩不穿牛仔褲！」我心裡就會有點疑惑：「嬰兒又不會講話，是他不穿，還是你覺得他不該穿？」

很多人反應單寧布太硬，不想給小朋友穿。大概我家小孩比較刻

苦耐勞吧，從嬰兒時期開始我就偶爾會給他們穿牛仔褲，他們也就一直穿著，長大之後還會自己要求穿牛仔褲；因為以前採購工作的關係，每當我把訂單帶回家加班時，女兒就會跑過來看著電腦裡下單用的照片，和我一起研究。可能也是因為看了很多流行資訊的關係，現在女兒會看著下單資料，指著她想要的那件，說她想要最窄的那件牛仔褲，請我幫她訂。

當然柔軟的布料很舒服，但如果你心中先有了一把尺，就不可能希望小孩的打扮得很時尚。身為女人的我們都知道，很多很時尚的衣服，並不是以舒適為主要訴求，就端看我們想要給小孩什麼。如果你希望把孩子打扮得很好看，或是未來孩子自己會搭配選擇衣服，你就必須跟孩子先溝通一些東西，要預留更大的包容度，才有可能嘗試更多不同的可能性。

媽媽與福福的時尚對話

媽咪！請妳幫我訂這上面
有畫愛心的牛仔褲（拿著訂單圖片）

為什麼是這幾件呀？

因為我想要腿細細的樣子，這幾件是最細的嗎？
（當時她還不會用「窄」這個形容詞）

妳穿那麼細幹嘛？細的會很緊喔……

沒關係，我就是要，
記得幫我看是不是最細的喔！

媽媽只好從這些 Skinny 裡面
挑了一件有彈性又舒適的下單……

福福的牛仔褲總是細細長長的才要穿！

百搭的牛仔褲如何挑選？

建議剛開始從磅數較輕的（也就是較薄），顏色較淺的嘗試。

除了質料不會太硬之外，一般有刷色的牛仔褲經過水洗製程後也比較不易殘留多餘的染料，對敏感的皮膚較不會造成過敏。至於肉眼看不到的染料安全性，就靠篩選可靠的品牌和生產地來把關了。記得，一件好的牛仔褲是必須經由多道複雜的程序生產而成，低價或來路不明的產品一定存在許多問題。

翻開內部檢查車縫線的觸感是否太粗糙。

有時候這些小細節加上不對的版型也會造成不適，小朋友的皮膚比較柔嫩，衣服要是不舒服、太悶住皮膚，他們就有可能穿不住。

依孩子的年紀選購腰部可調節的設計，通常會是在褲頭兩側的內部，以釦子加上彈性鬆緊帶上的 4 ～ 5 個釦眼組合而成（我買過一件 Boyfriend 版型加上超過五段以上的調節功能，真的是穿了好多年呢！）。如此可以加長穿著使用的時間，畢竟單寧布料強調

的就是比一般棉褲耐穿。

排除上述的一些狀況後，我實在想不出不給小孩穿牛仔褲的理由！

還有另外一個注意事項，也是我自己的經驗。一開始幫大女兒買衣服時，我買了很多牛仔褲，連小嬰兒的都有，因為我想說，還會生第二個呀（還有第三個，第四個……），我以為童裝的牛仔褲應該所有小孩都能穿。後來生了兒子才發現，原來小男生跟小女生的褲子版型完全不一樣，因為身體的構造不同，褲襠留的空間就不一樣。原來小朋友的褲子跟我們大人一樣，男女版型大有異，所以還是要按照性別挑衣服，就算最中性的單品，有時男孩女孩還是不能共穿。

女生粉紅色 男生粉藍色？

我懷女兒的時候，暫停長途飛行出差工作所以跑了一趟日本採購童裝，但那時候還不知道這個孩子生出來會長什麼樣子，不敢買太多，一方面是嬰兒的衣服變化較少，所以最後以比較有把握且台灣少見的單品為採購目標。除了牛仔褲之外，我買了很多配件，像是小圍巾、帽子，還有素色的外套。當她出生之後，我更慶幸還好當時沒買太多，因為小時候的她就是長得比較像爸爸，適合中性的打扮，加上我本來也就不是會用髮夾的那種媽媽，所以女兒小時候，我沒有幫她準備太多可愛的髮飾，走在路上很多人都誤認她是小男生。

後來她自己的長相外型與個性比較明確之後，我就慢慢修正，會依照她適合的風格去採買衣服。大約 2 ～ 3 歲時，她開始喜歡 TUTU（澎澎裙），因為她長得是比較有個性的樣子，頭髮也還不夠長，我就幫她挑了一件深藍色（但是很澎）的裙子。而她的第一

件澎澎裙是我同事們送她的，是一件咖啡色澎澎裙，她從來沒有穿過很夢幻的粉紅色裙子，但依舊擁有穿 TUTU 的快樂，也獲得許多讚美。

很多媽媽不能接受自己的女兒穿粉色以外的顏色，但我真的要說，小朋友也是有自己的型的，不是每個小女孩都適合穿粉紅色。尤其粉紅色是一個很高難度的顏色，如果布料質感不好就很容易流於俗氣，有些粉紅色則容易讓黃種人看起來髒髒的，媽媽們要先了解寶貝的長相與膚色，再去為他挑選真的適合他穿的衣服，這是有型的第一步。

有一次我跟同事出差，我們通常都是一大早出門看秀、採購，在 Showroom 趕場到晚上，下了工之後晚餐也不吃先趕在童裝店打烊之前衝去採買。在時代廣場附近的童裝店裡，我跟同事爭取時間分頭進行，在櫃台會合結帳時才發現，我們兩個手上抱的兩疊衣服完全不一樣：她的都是粉色系，我的幾乎是黑白藍灰色。她看著我手上的衣服說：「妳幹嘛把妳的小孩穿得這麼大人？」我只能回：「這麼多粉紅色也不好吧？」

很多父母都會被男孩該穿什麼顏色，女孩該穿什麼顏色的想法限制了小朋友穿搭的創意，其實長大後小女孩喜歡粉紅色，小男孩喜歡藍色是正常的，這或許是天性。但如果從小就只給他們粉紅色、藍色，小朋友的思考也會被限制。建議讓孩子試試多一點顏色，等小孩子大一點，他們自己的型比較明確之後，家長和孩子們自然有機會一起討論什麼顏色的衣服適合，該如何搭配。

以我女兒來說，頭髮留長以前她真的比較中性，硬給她穿市售的繽紛公主裝，看起來就會很突兀。其實想想，大家會覺得我家小孩穿的衣服都很好看，也許就是因為我用比較中性的方式幫他們打扮，所以看起來很符合這個孩子的個性與長相。大人想要打扮得很時尚，也是需要對著鏡子，觀察自己合不合適，而不是一味追逐流行。幫小孩搭配衣著也是同樣的道理。

不過我曾經在她五歲時的萬聖節親手幫她做了一件粉紅色的公主裝，因為布料和配件都帶著她一起挑選，所以成品就非常適合她的膚色，版型也十分完美，這是媽媽少數放縱地使用粉紅色的時候。（笑）

媽媽與福福的時尚對話

媽咪妳喜歡什麼顏色？

如果是衣服
我喜歡白、灰、藍、黑。

那妳猜我喜歡什麼顏色？

一定是粉紅色！（激將法）

才不是呢！我也喜歡白、藍……
（叛逆不願承認＋想和媽媽一樣）

真的嗎？
那我以後就不買粉紅色的衣服囉！

不行！

冰雪奇緣第一名？

我必須承認，跟小孩溝通穿衣服這件事情的時候，在一開始進行時，有時必須要強勢一點。

光是柔性的溝通，在孩子還沒有很明確的判斷力時，撞牆期會很長，怎麼說都沒有用。小朋友的心思是很單純的，他就是喜歡這個東西的時候，就會很直接的表達喜歡，不像我們大人會考慮很多因素，像是某場合是否適合某種打扮。這個時候，就是需要爸媽來協助提點孩子了。一開始討論時也許很難，但孩子穿了好看的衣服出去之後，當他受到讚美，就會對你產生信心，有了好的開始，之後的溝通就會越來越順利，因為他相信你的建議了。

我女兒自己第一次穿搭時，她還不太會講話，我在手上拿著兩套衣服帶她來到鏡子前面比畫，讓她看看第一套衣服穿起來是這樣，第二套衣服穿起來是那樣，問她想要哪一件？讓她自己選。後來長大之後，慢慢地她自己會去開衣櫥，選擇她自己要穿的衣服，

等到她配出來之後，我就試著提供一些意見。如果配得很 OK，我就會鼓勵她：「妳這樣穿很好看呢！」如果搭配得不是那麼恰當，我就會建議她，如果這件衣服配另一件呢？有可能會比較好喔，她也慢慢地學著和我討論，接受我的想法。

我覺得孩子在四歲之前的那段時間很重要，那時孩子還很願意學，還會聽媽媽的話，上學之後就很難控制了，難免會被同儕影響。尤其我幫孩子挑的衣服，真的不是一般幼稚園小朋友會認同的東西，他們就是喜歡卡通和公主。這兩年的小女孩就是要「冰雪奇緣」，穿 Elsa 去上學，在學校就會獲得很多認同感，不管時尚的塗鴉多麼有趣。幸好後來女兒同學的媽媽會來店裡買衣服，我才比較有些信心。

Frozen 的影響力太強大，當女兒不只一次向我提出也想要穿冰雪奇緣的衣服時，我也感受到她帶從學校帶回來的同儕壓力了！我花了一些時間解釋為什麼不買那些衣服，並承諾下一次親手做 Elsa 衣服給她，她才漸漸接受沒有 Elsa 衣服這件事。

有了一些媽媽對我的認同，讓我可以放心和女兒繼續討論每天上學的穿搭， 我也發現，和女兒一起討論穿什麼衣服去上學，然後得知衣著在學校衍生的相關回應，是件有趣又能夠拉近親子距離的事。

但是，讓小朋友自己學習選擇衣服的過程中，就算小朋友穿得很好笑，甚至很醜，你也不能當面打擊，反而要像給朋友意見一樣分析給他聽。當然小朋友有時候會很堅持，一定要穿他自己精選的衣服，不過我比較幸運，我女兒大部分只會堅持她要某件單品（例如：這件裙子，或那件上衣……），我只需就她堅持的部分提供搭配建議。好險福福還算好溝通，慢慢開導她還滿能接受的。

有些媽媽會跟我說，怎麼辦！我選的衣服孩子就是不肯穿。我不知道是小朋友真的比較有主見很堅持，還是媽媽沒有花時間和孩子慢慢溝通？因為每個小朋友的個性不一樣，我比較難說出一個方式是所有家長都適用的，但有一個通則是，若家長願意仔細觀察自己孩子的個性，你就會找到討論的切入點。以我女兒來說，

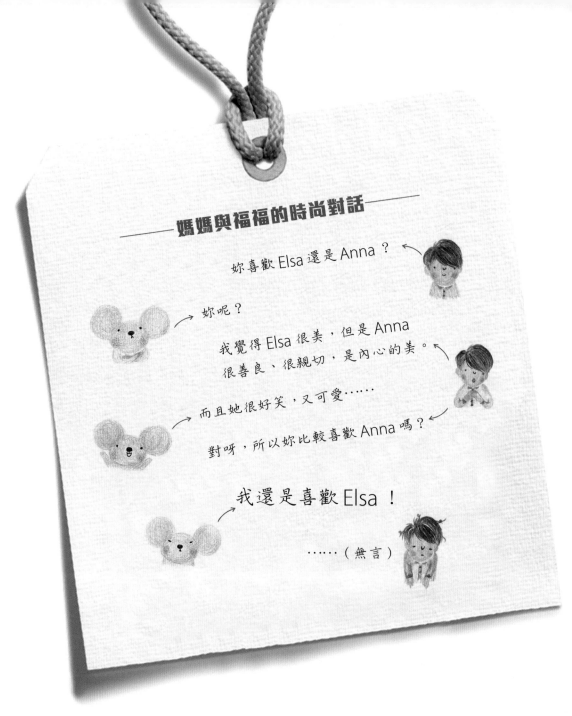

媽媽與福福的時尚對話

妳喜歡 Elsa 還是 Anna？

妳呢？

我覺得 Elsa 很美，但是 Anna 很善良、很親切，是內心的美。

而且她很好笑，又可愛……

對呀，所以妳比較喜歡 Anna 嗎？

我還是喜歡Elsa！

……（無言）

試穿訂製小禮服，內心忍不住雀躍。

討論穿搭時，比較困難的地方是褲子，因為她真的比較不愛穿褲子，可是在幼稚園穿褲子還是比較方便，有時我就會用激將法或欲擒故縱法。

所謂激將法是，也許我會問她，「上次在巴黎那個姊姊（某設計師的女兒，我工作時這姐姐有陪她玩）穿得好不好看？」她會想起來，那個打扮滿好看的，我就接著說，「可惜妳不願意穿褲子，不然應該比她好看……」

欲擒故縱法，就更簡單了，小朋友都喜歡媽媽的打扮，比如福福之前不願意穿一條哈倫褲，但我覺得她穿超好看的！所以我就自己穿上同款哈倫褲，然後說，「啊！原來這條褲子這麼舒服喔，跑來跑去好方便。可惜，這是媽媽要和弟弟一起穿的，妳不能穿喔！」過幾天她就會去把她的哈倫褲翻出來，跟我說她要穿這條褲子。

有些媽媽不喜歡素色的衣服，以為小朋友就是要穿卡通圖案，其實小孩子小的時候根本不是那麼清楚卡通代表的是什麼，上學之

後則是比較容易被同儕影響。儘管如此，家長還是要有限度的給，不能衣服上面有那個圖案，孩子要，就買，然後孩子每天穿的衣服都有那個卡通，這樣要培養小朋友溝通穿搭能力就很難。何況，很多印刷卡通的產品材質惡劣，過多的圖案燙印跟染料對小朋友來說，都是多餘的化學物質，尤其是沒有拿到原廠授權的商品更在無形中教育了孩子不對的觀念。

為了女兒同學們的需求，為了「冰雪奇緣」，我也開始試著調整店裡的商品，採購了好看的粉紅色商品，特別是瑞典有個品牌，衣服以素色為主、上面有一點點很有童趣的流蘇，不是那種公主式很夢幻的造型。我女兒穿到學校去之後，她發現同學都很喜歡她衣服上的流蘇，有的流蘇在胸前，有的在下擺，一點點，小女孩轉起圈來會有線條，小朋友都很喜歡玩她身上的流蘇，她就很高興。也有媽媽因此來店裡指名買帶有流蘇的衣服，讓我又再一次信心大增，克服了冰雪奇緣的打擊。啊，媽媽也是很多童裝上的難關要克服與學習的呀！

運動鞋真百搭？

如果你走在街上觀察小朋友的穿著，常常會發現一個現象，就是很多媽媽都很用心幫小孩打扮，小朋友都穿得很酷、很有型，但目光往下看到雙腳時，就會覺得哪裡怪怪的，原來問題就出在：「運動鞋！！！」

小朋友穿運動鞋很方便，但真的不是所有的衣著都適合搭配，媽咪們千萬不要偷懶，想用運動鞋走天下呀。如果小朋友在衣服上搭配得很一致，卻配上一雙不協調的彩色運動鞋，真是太可惜了。建議選購運動鞋前先檢試衣櫥的色系，買一、兩雙好搭配的素面款。像今年流行的慢跑鞋，就能輕易營造出時尚感；想想我們大人幫自己配衣服的時候，鞋子也是很重要的配件之一，幫小孩搭配時絕對也不要馬虎！

過去台灣沒有什麼童鞋選擇，樣式也不夠創新，市面上充斥著吸引人但是品質堪慮的商品，加上父母總是認為鞋子很快就不能穿

把運動鞋穿得不像去運動，也是一種時尚。

而且易髒⋯⋯等因素，常陷入「看到便宜好看就買，但穿一、兩次就覺得膩了或不好穿」的無止盡買鞋輪迴！我養第一胎時也會有這種盲點，不知道什麼鞋對小寶寶才是好？不懂那些很貴的鞋子誰會買給小孩穿？後來有次和住在比利時的媽媽聊天才了解，歐洲人非常注重鞋子，因為事關小孩足部發育，因此買鞋的習慣和我們大不同！他們認為兩、三雙很好的鞋輪替著穿就夠了，所以願意幫小孩採買合腳舒適、但搭配性強及單價較高的真皮鞋。這樣重質不重量的觀念也漸漸影響了我。幸運的是這幾年市場已經出現了變化，除了童鞋品牌更豐富之外，許多精品也開始發展童鞋系列，兼顧流行與功能的產品越來越多，不管是娃娃鞋、瑪麗珍鞋、雨鞋，甚至是漂亮的涼鞋⋯⋯爸爸媽媽們，如果希望把小孩打扮得很時尚，千萬不要輕忽鞋子也是亮點！

有一種鞋子，是我個人比較不建議的，就是那種踩下去會響的鞋子。也許為孩子帶來樂趣，爸爸媽媽會聽見孩子人在哪裡也比較安全，但對別人來說就有點吵了。儘管我不會幫孩子買，不過顯然小朋友非常喜歡這種踩下去又會亮又會響的鞋子，我們家福福就超級著迷。小時候她在路上看到別的小朋友「嘰嘎嘰嘎」跑過去，都會投以無比羨慕的眼光，久久收不回，還會抓著我說：

「馬麻，妳看，那個好好喔……」我就得立刻擺出很酷的表情：「可是我覺得那個有點吵，吵到別人就不好囉。」然後立刻把她帶離現場。

千萬不要輕忽小朋友的鞋子挑選，一雙尺寸正確的好鞋，不但會為孩子的整體造型加分，更能保護孩子的雙腳。從我們家小朋友的學步鞋開始，我就很注重美感功能兼具。而且跟挑選衣服的重點一樣，我不建議買大一點的尺寸，只是為了這雙鞋孩子可以穿久一點。小孩子的活動力很旺盛，如果鞋子太大，他很容易就因為鞋子掉了而摔倒，或是爸媽抱回家時發現掉了一隻，更有可能讓小朋友還在發育的足部出現問題，往往最後都是收起來放到時間對了才能穿。

幫小孩買鞋子時有一些重點要注意，因為這時期他們容易把喜不喜歡和舒不舒服畫上等號，我提供我個人的經驗，爸媽陪小孩試鞋時可以參考：

· 跟大人買鞋一樣，幫小孩買鞋也最好挑傍晚腳比較漲的時間。記得穿上適合這雙鞋的襪子試穿，可避免日後因為襪子厚度不同造成不適。例如，娃娃鞋搭配的是較薄的褲襪；雨鞋可能需

媽媽與福福的時尚對話

我也想要高跟鞋，高跟鞋好美喔！

可是小朋友的高跟鞋好看的不多，
而且穿了可能會不舒服喲！

沒關係，我可以忍耐。
因為公主都穿高跟鞋……

可是妳不是公主！公主都坐馬車
不用走路，妳要自己走路不適合……

沒關係，爸爸會載我。

無言……

要配厚一點點的棉襪，行走起來比較不吃力。

· 兩腳穿好，一定要讓小孩站起來，請他將腳掌往前移一點，此時後腳跟和鞋子間可放入一根手指頭的空間為佳。行走時注意腳趾會不會磨擦到前端。

· 小朋友通常沒耐性試鞋子，所以一定要挑選有經驗、有耐性，跟小朋友互動的店家，買起來鞋才不會像打仗一樣。

· 不管這雙鞋子多美、多喜歡，千萬記得不要「削足適履」。小朋友的腳還在發育，萬萬不可。而且穿出門如果有問題，痛苦的是你。

· 無法試穿的狀況下，我會在家請孩子雙眼直視前方，站在一張白紙上，圈出他的腳丫後測量最長距離，以便知道他現在的腳長；或是把腳丫剪下來帶著，在購買時方便塞入鞋子比畫挑選，也不失為一個好辦法。

· 觀察小朋友已經穿舊的鞋，看他磨損的地方，也可作為下次買鞋的參考。久而久之，你會對買鞋這件事越來越上手。

褲裝是一種必要

上次有個爸爸到我店裡幫女兒挑衣服。他說他從小只買褲子給女兒穿,因為怕女兒穿裙子容易曝光。一直到女兒要過四歲生日了,他知道女兒很想要一件裙子,所以特別來買裙子,想給女兒一個驚喜。我一邊聽著這位爸爸說,一邊心裡覺得很感動,我能理解爸爸極力保護的心情,也想著他女兒收到這份禮物時一定會很開心。

穿褲子這一點我也會特別跟女兒溝通,小女生很多場合穿褲子比較好。像是有一次我們出國採購,要出門趕飛機前,她說今天很想穿裙子,我就跟她說,搭飛機要很久,穿褲子比較舒服。我自己也穿了一件哈倫褲作示範,最後她說不過我而穿上了褲子。本來她大小姐一臉很不甘願,後來在飛機上窩了幾個鐘頭後,我問她穿褲子是不是方便又安全?她就點點頭。有時候女兒穿裙子搭公車,她很累就忘了把腳合起來,我也會提醒她穿裙子時要

注意坐姿、裙子要蓋好。這種女兒著裙裝媽媽守護者上身的心情，有時候真的需要褲裝來讓媽媽放鬆一下。

福福上學後很喜歡穿裙子，對褲子比較沒興趣，可是媽媽我覺得裙子裡搭 Legging 不好看，所以只能想辦法要她上學多穿褲子，因為這樣活動真的比較方便。小朋友在學校有午睡時間，像福福愛踢被子的，穿褲子睡覺可以避免睡到裙子翻起來；平常她穿裙子又快曝光時我會馬上提醒，到了學校我盯不到，穿褲裝我會安心很多。我們自己小時候也有過這樣的經驗，上學時有些小男生很調皮，會掀女生裙子，所以穿褲子有其必要！

要說服小孩穿指定的衣服還有一個很好用的方式，就是跟他說：「馬麻也有這件耶！」小孩都會很渴望跟大人穿一樣的衣服，所以當女兒無法被我說服時，只要我穿了類似款，或是說這件我也有，她馬上就會說那我也要穿，因為她會有想跟媽媽穿一樣衣服的渴望。

像之前我說的那件哈倫褲，福福完全不感興趣，剛好弟弟也有一

媽媽與福福的時尚對話

寒流來了，可不可以請妳這幾天先不要
穿裙子加褲襪上學？（語重心長慎重狀）

為什麼？

因為如果妳穿得不夠暖媽媽會很擔心，
一整天都沒辦法好好專心工作，
也會吃不下東西，因為太不放心了……

好吧。（憐惜媽媽孝順狀）

粉紅色加上好活動的飛鼠褲型，終於讓福福願意穿上長褲！

件，我就跟她說，「妳跟弟弟要穿一樣的褲子呀，妳確定不穿嗎？我也有一件耶，妳不要跟我們穿一樣嗎？」她聽了之後就願意穿了。而且穿了之後，那一天我還一直問她，「妳看妳現在穿這個褲子不是就很好運動？是不是很舒服？」

媽媽要不斷找機會跟孩子強調適合場合的衣服優點，為那件他不喜歡的衣服加分。

出門前，請記得照鏡子

家裡一定要備有一面全身鏡，不管是陪小孩搭配衣服，還是要一起出門前，一定要帶著孩子站在全身鏡前，從頭到腳看一遍：頭髮是否整齊？臉跟露出來的手腳是否看起來很乾淨（再次強調：乾淨整潔的孩子才討人喜愛）？衣服鞋子有沒有需要調整的地方？最重要的是，讓孩子看見他今天全套搭配的完整樣貌。

全身鏡不但可以完整照見自己，也可以讓小朋友在腦海中建立影像，他會記得他今天是這樣搭配的，下次他自己挑衣服的時候，就會從記憶中翻找組合。小朋友對圖像記憶很強，比你用言語跟他說這件上衣要配這條褲子才好看，效果強多了。

挑選衣服的時候我們也會站在鏡子前面，看看怎樣搭好看，有兩、三件衣服比較時，看鏡子就很清楚可以分辨每種組合的優缺點，不管是顏色或是款式是否搭配，站在鏡子面前，通通一目了然。

媽媽與吉吉的時尚對話

穿好了，去照鏡子看看帥不帥？

（看著鏡子自戀微笑）帥！

這樣叫帥嗎？還是可愛？

帥！

（在鏡子前自我欣賞了三分鐘才要穿鞋）

那你覺得這套衣服要配什麼鞋？
你身上有黑色和駝色，
可以挑和這兩個顏色很像的搭配喔！

（拿了一雙紅色）

你想穿紅色的嗎？這個是紅色喔！

對，我要穿這個，這個比較帥！

好吧……

弟弟吉吉兩歲多時開始在意自己的穿著打扮，也會學姊姊擺 Pose 囉！

當然最重要的就是穿出去時有人讚美。我女兒有時候不喜歡我幫她搭配的衣服，但是穿出去之後聽到別人讚美，說她穿得好好看，她就會把本來抗拒的衣服，列入她的最愛。讚美跟鼓勵小朋友是很重要的事，記得要常常讚美孩子自己搭配的衣服，就算很醜也不要直接打槍，要用輕鬆的方式告訴孩子，也許可以試試看別種搭配。我從來沒有說教孩子穿搭是一項容易的功課，除了耐心，還是耐心呀！

不過也會出現一些意外狀況。

有一些衣服是等到孩子穿出門去，才知道不適合。這些衣服在家裡穿的時候都沒有問題，但出門活動量一大，你會發現孩子的行為舉止開始怪異，像是有些褲子穿出去，做父母的會發現小朋友一直在拉褲子，也許就表示褲子的版型不好，或是可能這件衣服他穿太大了，有一些尺寸或設計的問題，要等到真正穿出門時才會發現。如果是版型不適合，可以試試用配件作修飾，而如果是尺寸有問題，我會動手修改一下，通常問題都不大。

看場合的穿搭術

我會建議媽媽和小朋友討論穿搭時要灌輸看場合穿衣服的概念，通常小朋友會參加的場合很單純，所以只要掌握幾個大原則，基本上不會太難溝通。

拜訪長輩

家庭日，長輩通常喜歡比較喜氣的顏色，所以我會利用這種機會讓孩子穿顏色比較亮或是比較花俏的衣服，避免黑色、深灰色這種比較暗色系。小女生大多喜歡粉紅色，但粉／桃紅要顯色得好看不容易，所以平常我如果看到漂亮的粉紅桃紅色衣服，還是會買起來準備，遇到這樣的場合就可以派上用場。樣式方面，請選擇端莊討喜一點的，比方說衣服上有一點裝飾的，或是材質比較華麗的衣服，都很適合見長輩，或是家庭聚會時穿著。

有時候我在國外看到比較花的洋裝大打折，是長輩會喜歡的樣式，我也會買下來，雖然平常穿不到，但見長輩時穿個幾次，算一算

也很划得來。

戶外活動

全家出去郊遊野餐，或是一起出去跑跑跳跳時，小朋友也可以很有型，而且這時候更可以做很酷的打扮。我建議爸媽要養成出門前看看氣象預報的習慣，因為這個訊息，可以讓挑選衣服的方向明確很多。

小女生喜歡的短裙和漂亮涼鞋，戶外活動就比較不適合，不小心跌倒會容易受傷或被蚊蟲叮，更無法隨性地坐或躺；通常我會建議福福，穿上耐髒的牛仔褲或是飛鼠褲，搭配草邊帽和休閒鞋，上衣則以輕巧易更換的棉質 T-Shirt 搭配薄襯衫或是連帽外套，萬一髒了或是天氣突然出現變化，不會手忙腳亂。鞋子方面，現在戶外運動的品牌很多都有小朋友系列，記得選擇功能和造型兼顧的，讓出遊也能有型有款。另外，強烈建議購買一支小朋友專用墨鏡，遇到艷陽高照時除了可以保護眼睛，也可以避免孩子因強光刺眼而降低遊興。

戶外踏青的穿著則以輕便為主。

雨天也要愛漂亮！

如果怕遇到下雨，讓小朋友練習穿雨鞋也很好，因為小朋友還沒有穿著要適應天氣的觀念，所以從小可以和他們討論，「今天下午可能會下雨，你要不要穿雨鞋？比較不會弄濕腳喔。」然後就可以一起開始研究，什麼樣的衣服搭雨鞋會比較好看。有時候不知道要穿什麼，就用必備的配件來思考要搭配的服裝。

孩子出門，除了身上造型好不好看之外，整潔度也很重要；我的習慣是會多準備一件衣服在包包裡，因為小朋友活動量大，可能出門就弄髒了，或是流汗就濕了，媽媽在包裡多帶幾件輕薄的衣服，不但方便隨時替換，也可以順便換造型。

入秋季節交替之間早晚溫差漸大，這時候包包放件薄長袖上衣或是薄外套，傍晚就可以秋裝夏裝搭著穿，讓孩子漸漸有衣著換季的概念；小孩子衣服很小件，其實多準備兩件衣服不會多太多重量，我從來沒有買過媽媽包，因為兩個孩子都是餵母奶，少了奶粉奶瓶的麻煩，把備用衣物跟尿布兩片丟到自己原本的大包包裡就好，記得精簡自己的裝備也會讓你看起來較時尚。另一個方式是幫小孩準備小包包，這樣看起來會比堅固耐用大容量的媽媽包

可愛一些。

跟朋友聚會

由於我過去的工作有很多時尚業的朋友，和他們聚會時我會大顯身手，把最厲害誇張的行頭都拿出來，跟孩子研究怎麼穿才會很「WOW」！有時候福福知道叔叔阿姨很期待看到她，也會特別用心搭配。

遇到這種時候，顏色很酷的衣服就可以登場了，黑色、銀色、螢光色，一些比較吸睛的細節或是流行元素不可少，剪裁比較特殊的上衣也很好營造線條，還有像是 Oversize 的上衣搭配一條窄管 Skinny，也是不容易出錯的時尚 Look。

利用小配件作畫龍點睛。比方說小女生的手提包、小男生的帽子、冬天的小雪靴，還有在襪子上面變花樣也很可愛，動物紋，星星，雙腳不同色……等花紋效果都很好。

家庭和家庭聚會的重點，則是平常就要了解朋友小孩的打扮風格，

如果你的孩子穿搭跟他們相距太遠，在這種場合就會讓孩子們很格格不入，小朋友會無法玩得很融洽，這是必須注意的地方。

參加生日派對

現在小朋友的生日派對越來越普遍，通常設有主題讓小朋友可以玩得更開心。有主題對家長來說，雖然比較累，但也同時有個好處，因為要怎麼幫孩子挑選衣服就很明確了。不過，最近 Party 的主題常常都是 Frozen，也是挺讓人傷腦筋的……

就跟大人參加宴會一樣，衣著是一種禮貌，而且千萬不能搶了主人的風頭；我會試著先了解小壽星的造型，再來決定福福的衣服，如此可以避免穿得太誇張或不夠得體。

回過頭來說，為什麼冰雪很傷腦筋呢？因為一定充滿了 Elsa 和公主裝呀！小女生對公主都很著迷，絕對不肯穿平常的衣服出席，所以做媽的我就傷透腦筋。外面現成的小禮服，廉價的質感差，昂貴的又不符經濟效益，最頭痛的是占衣櫃空間！實在讓我買不下手。

和媽媽的朋友聚會，把最酷的元素穿上就對了！

怎麼辦呢？

上個月福福有一個生日派對邀請，主題真的就是冰雪奇緣！我就心一橫自己做吧，服裝系畢業，店裡又有人枱，如果不能幫女兒做一件公主裝，我這做媽的也太慚愧了。所以我帶著女兒，我們就上永樂市場自己挑布，反正只要是水藍色，有 Bling Bling，再加上會飄的紗就好了吧？女兒自己選布，我幫她搭配，我們兩個在永樂市場玩得非常盡興。

最後，我幫女兒設計了一件很樸素的公主裝，顏色符合主題，但造型完全不擔心搶了壽星的風采，女兒愛死了，但可累壞我自己，從派對前兩天我就開始裁剪，縫一縫就叫女兒過來試穿、調整，她開心得不得了，一直跑來看她的公主裝到底會長怎樣。

到了派對前一晚，我縫到兩眼昏花，緞面的布很滑，紗也很不容易固定，這時我好後悔大學放棄了旗袍課，不然這應該是再簡單不過了！為了幫女兒做出一件屬於她的公主裝，我整夜未睡，一直做到清晨，才終於大致完成。但是當她一起床，跑來看到衣服

時，那個興奮的神情，真是讓我覺得一切都值得了！明明派對是下午兩點才開始，但福福很堅持要一早就穿上這件水藍色的小禮服和我去開會，當她走在路上時，還會很優雅的撩起裙襬，動作完全跟平常判若兩人，我看在眼裡又好笑又欣慰，也忍不住幫她拍了好多照片。

這個美麗的經驗讓我感慨，媽媽們，自己買布做衣服其實很便宜，也真的不難，孩子不會挑剔妳的手工不好，卻會永遠記得媽媽幫她做了一件好美的衣裳。如果孩子有機會參加派對時，不妨親手幫孩子縫製一件獨一無二的衣服吧！不僅是共同的回憶，也順便讓孩子一起參與創作，享受那有趣美妙的過程。

媽媽與福福的時尚對話

怎麼辦？
丸丸生日那天妳要穿什麼？

Elsa！←

不行，那是壽星要穿的，
而且一定很多人穿 Elsa，不特別。

那 Cinderella 好了，一樣是藍色！

一定要穿公主的衣服嗎？

對！←

好吧，那我上網找找。

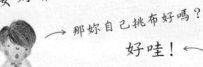

不要，我要妳幫我做！和之前萬聖節一樣。

那妳自己挑布好嗎？

好哇！←

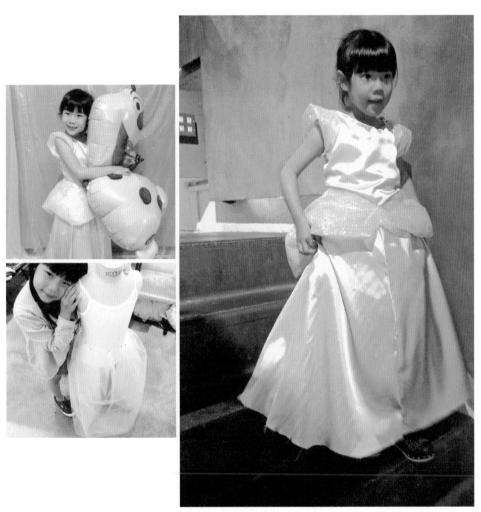

每年萬聖節福福最期待的就是穿上媽媽親手做的衣服。

穿搭整理好習慣

你都怎麼收納小朋友的衣服？我的方式是為兩個孩子都準備一個專屬衣櫃，讓他們自己的衣服，自己收。

很多媽媽會跟我討論幫小孩整理衣服時的困擾。例如，衣服買了常常放到忘記穿，等到發現時已經太小了。我總會先講一個大前提：不要幫孩子買太多衣服。讓每一季的採購都有重點，接下來就是和孩子一起討論怎麼搭配，家長寧願花多一點錢買幾件好看、有型、孩子實穿的必穿單品，而不是一看到有便宜的就東買幾件、西買幾件。相信我，這樣往往無法控制預算容易過度消費。當了媽媽之後，記憶力一定越來越退化，何必這樣挑戰自己的腦細胞呢？買個不停的結果必定是：找不到、穿不著、忘記有什麼又重複買，陷入無止盡的浪費迴圈。這樣會造成的後果就是，孩子的衣櫥很難管理，媽媽不記得有哪些衣服，孩子當然也不會記得。

不要買太多衣服還有一個好處：讓孩子更珍惜衣物，懂得照顧保養。從洗衣、晾曬、到摺疊衣服，我都親手參與，這樣可以清楚知道每件衣服的狀況，有沒有汙損，需不需要再添購。

孩子每天穿的衣服如有需要特別處理的髒汙我會手洗，我試用過無數種去汙皂，對於汙漬的處理有一個小小心得：衣服沾到髒東西的時候，不要一直用濕紙巾擦拭，有時候反而會把髒汙越弄越大塊，我通常會用乾紙巾輕輕按壓移除，已經滲入纖維的部分就等乾掉回家再洗，通常塗上去汙皂靜置於肥皂水中約十分鐘後刷洗，都可以去除汙漬，真的不行才送去洗衣店，但這種狀況不多，便宜或舊了的就當家居服穿。

摺好的衣服，我就交給福福自己收，幾次請她學習和嘗試之下，她已經學會自己分類，自己管理衣櫥，什麼衣服該放在哪裡，她都很清楚。這樣和孩子一起維護管理，就不會發生衣服找不到、或是不知道有哪些衣服的情況。兒子現在三歲也開始學著認識自己的衣櫃，已經知道自己有什麼衣服，分別放在什麼位置，等姊弟倆摺衣服的技巧更純熟，媽媽我就又少一樣工作啦！

媽媽與福福的時尚對話

媽咪！
我可以帶五雙鞋子去巴黎嗎？

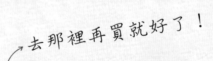

太多了！行李箱塞不下！

那就帶一雙吧！

萬一遇到下雨弄濕就沒鞋子穿囉！

去那裡再買就好了！

（無言）

巴黎的空氣像嗎啡，天氣再冷再壞，福福都能樂在其中！

如果平常沒有機會讓孩子參與家務，不妨利用出國整理行李時機會教育；福福中班開始我就讓她自己整理行李，只告訴她天數、天氣和需求，請她自己選擇要帶的衣服，之後再一起檢查打包即可。藉旅行時把要汰換的衣物鞋襪挑出來，出國時穿完就可以丟棄，省去帶回髒衣物的麻煩，也替行李箱清出不少空間。

對於孩子的穿搭到底要如何要求拿捏？我的心得是：我一直從孩子身上看到新的突破，他們的潛力無窮，希望參與的心情也很強列。當我摺衣服的時候，看到福福在一旁等待著，迫不及待要把衣服放進衣櫃的表情，常常令我又開心又不捨，孩子長大的速度真快，再過不了多久，她會不會就不讓我主導她的衣櫥了呢？放手的練習，對媽媽來說，真的學不完呀！

親子時尚溝通 Lesson Two
穿搭與時尚之間

從一個想要給小孩子穿漂亮衣服的媽媽,變成童
裝店老闆,這一路雖然不免手忙腳亂,但我得到
一個料想不到的超級好幫手,就是女兒福福。

在巴黎,我們喜歡坐公車欣賞街景。

認真幫媽媽作市調的小幫手。

她真心地喜歡參與我的工作，願意尊重我的時間安排，展現了超齡的體貼，有時我甚至覺得，根本就是我們母女倆太喜歡衣服與一起工作，自己玩得不亦樂乎，而感到很對不起留守在家的爸爸與弟弟呢。藉由看服裝展的機會教育，我跟女兒培養出絕佳默契，她對衣服搭配的神來之筆，也往往令我驚喜。讓孩子這樣高度參與媽媽的工作，到底好還是不好呢？這個問題我還在想，也還沒有答案，一切或許要等福福年紀再大一點才會知道。

晉升成我的得力小助手後，福福對自己的眼光越來越有信心，我也更願意給她空間發揮創意，這一切都是不知不覺中發生的，她成為我選貨下訂單時重要的顧問。唉，我這媽媽會不會太依賴女兒了呢？但這樣親密的時光，很快就會過去，也許是體會到這一點，反而令我特別珍惜這種感覺。

帶孩子出國看秀，也讓我學習到重要的一課，過往我出國時都會把每天行程排滿滿，擔心時間不夠用，看到的東西不夠多，但帶著孩子迫使我必須把步調放慢。回國後我發現，我雖然沒有看到更多東西，但有什麼損失嗎？並沒有。也許少看了幾個品牌，會

少了一些些靈感，但那也不是很遺憾的事情。反而因為這樣悠閒的步調，讓我工作時心情更輕鬆愉快，也增加了親子間相處的機會，孩子對媽媽的工作更了解，也開始會用不同的心態去體貼工作中的爸媽。

服裝穿搭這件事情，成為我跟孩子之間最美妙緊密的連結，這是當初完全沒有料想到的收穫，也是我非常想跟所有爸爸媽媽們分享的經驗，也許你會說，我又不可能帶孩子出國看時尚秀，但請相信我，有沒有出國看秀並不是關鍵，而是每天每天，透過出門前半小時和自己的孩子進行對穿搭的溝通，讓我們更加了解彼此，更加信賴與尊重對方的想法。原來，買衣服穿衣服，可以不只停留在消費與時尚的層面，更可以深入心靈，成為情感的橋樑。這一段飛逝的光陰，希望在我們親子生命中，都是最美麗的一頁，我很珍惜並充滿了感謝。

一起出國去看時尚秀

平常穿衣服，我都很信任福福的選擇，但到了國外看展看秀，就是工作場合了，這時我會很仔細地跟她好好溝通，衣服千萬不能亂穿。尤其有一些品牌會看買手的儀容，所以穿搭在我們的工作中代表了一個公司的形象，這是對工作的尊重，當然看童裝秀也不會要求你一定要穿得多麼時尚隆重，但基本的端莊與美感還是要有。還有我們去看哪一個品牌的秀，就會盡量穿那個品牌的衣服。

福福也看到自己的老媽在家裡跟在工作時，呈現兩個不一樣的人，會做完全不同的打扮，也學到看場合穿衣服的重要性，她很喜歡看到媽媽完全不一樣的狀態。所以跟我一起出國工作時，她會盡量配合我，注意服裝的穿搭要比較慎重，不可以太自由發揮。

福福也許是個很幸運的女孩，從小就跟著我這個老媽去看了這麼多童裝發表會，她會注意形象照中的衣服怎麼搭配，也知道不同

逛街空檔盡情體驗美食。

喜歡 Showroom 的氛圍，開心試穿新品牌！

的穿搭方式會呈現出的不一樣的效果。

看完時尚秀之後，我會帶回很多 Lookbook，等到要下訂單時，福福就成為我的頭號顧問與客戶，還會監督我有沒有幫她訂照片上哪一件衣服。她已經開始會注意版型與長度，像是告訴我她要窄管牛仔褲，這是看完時裝展後她自己得到的判斷，她也會在現場告訴我她喜歡哪一些衣服，原因是什麼。當然我也會藉此機會跟她解釋，秀展看到的很多衣服之所以好看，是因為整體搭配出來的造型，那我們有哪些衣服可以搭配出這樣的效果，可不可以變換？適不適合自己呢？

我也在這樣的溝通裡發現福福的記憶力超強，衣服到貨之後，她可以清楚的說出她是在哪裡看到這件衣服，當時整個現場的情境，每一幕的畫面，福福通通都記得，比我厲害多了，我記憶力超級差，她講完之後我才會慢慢回想起來。

我有刻意訓練女兒對服裝穿搭的概念嗎？其實不算有。我只是在一開始她還不太有自我意見的時候，幫她穿出她該有的樣子，但

是隨著每天每天的溝通，她一天天的長大，她看到家裡這麼多童裝型錄，就會去翻閱，還有幾次出國看展的經驗，讓她有機會提出問題跟媽媽討論。我們大人常常看雜誌學穿搭，孩子也是一樣可以透過這樣訓練。所以媽媽們除了自己要看的時尚雜誌之外，也可以準備一些國外的童裝雜誌或是到百貨公司索取喜歡的品牌型錄，讓孩子有機會看到每件衣服搭配起來的樣子。尤其現在網路很方便，跟孩子一起上網看照片也很不錯，一起討論喜歡不喜歡的衣服，你會驚訝的發現，孩子對於自己要穿什麼樣的衣服，事實上很有主見喲！

這一次單獨帶福福去看展，讓我發現她真的很懂事，很積極想參與媽媽在做的事情，她能了解我的工作很重要，時間有限。有一天我們本來預定要去植物園玩，但兩個展之間的時間被壓縮了，我跟她溝通：「今天我們可能沒有時間讓你好好進去玩，去看博物館了，但我們還是進去大概走一圈，下次等爸爸跟弟弟一起來時，你就可以跟他們介紹，我們再好好玩一次，好不好？」她竟然可以接受，也完全沒有鬧情緒。那天，我們只在裡面待一個小

時，儘管她很依依不捨，但也很清楚下一個約的時間要到了，必須離開。

這個經驗給我最大的收穫是，一般小朋友可能沒有機會知道爸爸媽媽的工作狀況，所以不知道分配時間的重要性，但福福提早明白了，表現出絕佳配合度，讓我發現小朋友不一定都只注重自己有沒有去哪玩，他們很能體諒爸媽工作中的為難，只要好好跟孩子溝通，並且製造他能實際參與的機會，小朋友其實可以表現得非常懂事又貼心。

那次回來後我問福福：「這一次妳都沒有玩到，都在陪媽媽工作，那妳下次還要去嗎？」她的回答竟然是：「還要！」又有一天我問她：「妳以後想要做什麼工作？」她就說她要開一間賣雨鞋的店，我就假裝很哀怨：「以後妳對媽媽的店沒有興趣了！」福福的回答超窩心，她說：「不會呀，妳的店繼續開，我會幫妳顧著！」當時感到一股熱熱暖暖從心頭流過，女兒呀，不管再累，媽媽下次都會繼續帶妳去看秀的！

專心幫櫥窗小人台換裝，假裝這是她的芭比娃娃。

時尚媽媽心中的 IT 寶寶

台灣的父母通常較注重小孩的隱私，也不像國外有 Paparazzi 針對小孩的穿著而拍攝，所以一開始要 SuperMa 說出心中的 IT Kids 時有點困難，直到知名的《爸爸去哪裡》節目第二季開始，曹格的女兒 Grace 整個讓我眼睛一亮！你有看過小女孩穿著很正式的紅洋裝去荒山野外嗎？而她把有著立體裙擺，優雅不已的小洋裝穿得非常自然，彷彿天生她就是要穿著這樣的衣服，即使是到偏鄉農村也不會放棄，因為那就有如她的日常穿著般的必需。這麼小就這麼用力地呼吸著時尚的空氣，精神值得鼓勵。每次總期待看到她的下一套衣著，看她大方自信地詮釋充滿創意的造型。

至於國外的 IT BABY 有幾個是我想和大家分享的，他們的穿搭創意總是啟發我許多靈感。時尚品味絕非靠品牌和模仿堆積而來，而是親子之間一起培養默契累積經驗後慢慢朔造出的獨特風格。

- Kenziepoo（on Instagram）：兒童時尚流行雜誌《Le Petite Magazine》創辦人女兒。
- Curated_BY（on Instagram）：Le Petite 時尚總監暨造型師打造出的 Fashion Kids。
- Stphbllrd（on Instagram）：小紳士型男最佳典範。
- The Daddy Fashion Stylist（on Instagram）：由爸爸一手打造的時尚萌娃。
- Alail Rose：遺傳明星造型師媽咪的好本領，四歲就會自己穿搭的知名小女孩。

另外，幾位身處得天獨厚時尚環境的小娃，長大後的穿搭造型也很令人期待：
- Aila：服裝設計師 Alexander Wang 的姪女，獨特黑色美學。
- Skyler：好萊塢名造型師 Rachel Zoe 的兒子。
- Haprer Seven Beckham：貝克漢家集萬千寵愛的小公主。

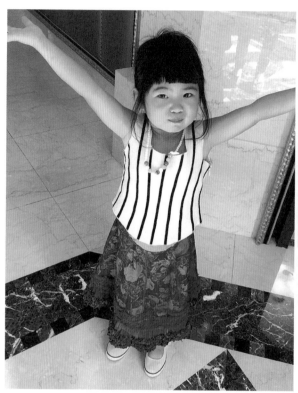

姊姊是有想法的女生，不管和媽咪
穿姊妹裝或者洋裝，都有自己獨特
的丰采。

（以上兩張照片由媽咪速玲授權提供）

時尚教我和孩子的事

1. 帶孩子出國是很重要的訓練機會，我是一個能偷懶就絕對不裝勤快的媽媽，出國前收行李時，我就會跟福福說：「妳去看看自己該帶幾件小褲褲？順便把穿舊的、或是太小的衣服挑出來。」所以，她很清楚自己有多少衣服褲子，哪些已經不合穿，她挑出來之後，我就可以整理送人，或是作愛心及資源回收。

出國時是培養獨立自主與判斷力的好時機。很多父母會覺得帶孩子出國好累，自己行李整理完還要幫孩子收，建議試著放手讓孩子自己做，他們會很有成就感。當然孩子整理完，媽媽還是要再檢查一遍，但這時已經輕鬆多了，我會看她準備要帶的衣服，跟她研究每天要怎麼搭配，還可以跟她討論，當地的氣候是怎樣，只跟孩子說冷熱晴雨，很難想像，他們的確還沒有能力去思考季節變換該怎麼穿搭，但藉由衣服的式樣與材質，孩子較能夠理解，冷可能是多冷，熱是多熱。

或許就是因為我很懶，福福對這些事情特別仔細，我也樂得輕鬆許多。媽媽們，不要太勤奮，試著放手當顧問就好，妳會發現小朋友照顧自己的能力，遠比我們心中預期的超出許多！

2. 藉由每年必須要出國幾次看展的機會，讓我觀察到在童裝秀會場，很少看到有買家帶小朋友來，除非是萬不得已離不開媽咪的小嬰兒。多半大一點的小朋友會被安置在遊戲區，不讓孩子打擾他們工作，像我這樣帶著女兒在會場穿梭的媽媽很少見，但這卻為我的採購人生帶來新的挑戰及樂趣。

挑選衣服時，因為長久工作訓練的關係，我會先注重單品的設計，而刻意避免被品牌的形象照影響，挑完一輪之後才開始安排整體主視覺，但福福反而會先去研究形象照，也會提醒我她看到了什麼東西，主動去把她看到的衣服拿來給我選，我常常會很訝異，因為那可能是我完全沒有想到她會喜歡的搭配，也可能是我獨自採購時絕對不會挑選的單品。

爸媽們如果遇到孩子自己拿衣服過來，說這件很好看時，會有什

麼反應呢？我的作法是放下主觀，請福福去試穿給我看，也因此常常得到意外的**驚喜**，所以帶女兒去看展，其實帶給我的工作很大的加分效果，我學到從小朋友的眼光去看童裝，雖然她常常在時隔半年收到貨之後會改變心意，但當場帶給我的創意衝擊，讓我非常珍惜，她也很喜歡這種意見被尊重的感覺。

為小孩挑選衣服的時候，千萬別忽略他們的意見呀，他們的眼光，常常會令我們這些思路被訓練得過分僵化的大人，得到全新養分。

3.

常常有人跟我說：「妳 的小孩長得好可愛！」但身為媽媽的我平心而論，我們家小孩長得很平凡，就是清秀端正而已。雖然我很以我的孩子為傲，但我並不會被讚美沖昏頭。真正令他們看起來可愛的原因，其實只是我挑選了符合他們年齡與長相的打扮罷了。小孩子的長相會一直改變，呈現出來的個性自然會不同，這也是我不會在幫他們買衣服的時候，一次買到幾歲之後的另一個原因。

我也見過很多真的很漂亮的孩子，五官精緻，很小就展現出氣質，但卻被過度打扮淹沒的狀況，反而看不到孩子可愛的臉蛋，一眼就只注意到他們身上的衣服，過與不及都是我建議爸媽們要避免的穿衣方式，小孩子都很可愛，只需要穿出他們的個性與氣質即可，有時候一件簡簡單單的白洋裝或白 T-Shirt，就會超有時尚感。

當然許多家長擔心白色衣服很容易髒，我卻有反向的思考，穿白色衣服是一個很好的機會教育。當孩子穿了白色衣服，我就會特別叮嚀：「要小心一點不要弄髒喔！」孩子吃飯或做一些動作時就會比較謹慎，會注重自己身上的清潔程度，他們也不喜歡把衣服弄髒。就算真的髒了，也沒什麼關係呀！他們是小孩，穿什麼顏色的衣服都難免會弄髒，很正常。說到底，要教孩子穿出時尚感，爸媽的心態與習慣很重要，我就是那種為了自己的孩子可以透過簡單的穿搭，穿出自己最純淨的樣子，願意每天一回家馬上洗衣服的媽媽，而且樂此不疲。當然會大量運動或流汗的戶外活動例外，不用給自己找麻煩。

某次參加生日 Party，穿著白洋裝出席的福福。

4. 讓孩子學習照顧自己的東西，也是很重要的教育。我出門前都會問孩子：「你今天帶了什麼衣服出門？還有什麼忘記拿？」像福福現在上幼稚園，學校有時會請家長讓小朋友多帶一些備用的衣物，小朋友很容易就忘記，多叮嚀孩子注意自己的衣物，才不會發生備用的上衣一堆，卻沒有褲子的狀況。

福福現在對自己有多少衣服還滿注意的，會告訴我學校裡還有幾件衣服褲子，需要再補哪些。很多媽媽們會幫孩子包好一整袋備用衣物，讓孩子直接帶去學校，但對裡面有哪些衣服褲子，小朋友可能根本搞不清楚。我的作法是讓福福自己做這個工作，讓她知道自己有多少衣服，哪些適合放在學校備用，她挑好之後我再幫她看一遍，母女也可以順便討論，學校有什麼課程活動，適合穿怎樣的衣服，為什麼她會選這些衣服？畢竟我無法跟進教室陪她上課，有些狀況可以藉這個機會了解。比方說，袖子太寬太長的衣服，遇到有美術課的時候，就會不太方便，福福會注意到這些小細節，給我很多有用的資訊。

5. 小孩子的行為舉止也會因為衣服產生變化！

像福福一穿起公主裝或長裙，就會立刻優雅起來，走路會很輕巧，上下樓梯會撩起裙擺，坐姿也會變得端莊。這些變化是來自服裝帶給她的感受，是自然流露出來的。有些家長可能會認為，幫小孩打扮也沒用呀，反正孩子玩起來都會弄得亂七八糟！其實孩子對服裝的態度是受父母影響的，他們對自己身上的打扮在不在意，懂不懂得將服裝運用在不同的場合……等，都是可以訓練的。

我不怕給小孩穿白衣服也是一樣的道理。他們如果照鏡子時，覺得自己今天穿得很好看，被讚美很帥或很漂亮，就不想把衣服弄髒，我只要偶爾叮嚀一下就好，小朋友自己會很注意。千萬不要怕幫孩子打扮，如果每天只是套上衣服就出門，他們對服裝的敏銳度就會喪失，也不會在意自己的形象，一定要不時有些變化與刺激，讓孩子對自己穿什麼衣服產生重視，尊重自己的衣著。

有些媽媽會跟我說，她的孩子只穿上面有公主／車子的衣服，其

穿上從小到大最常穿的白色 T-Shirt，是最自然的福福。

穿上公主的大裙擺時，舉止自然也優雅了起來。

他東西都不肯穿，於是媽媽莫可奈何或是溺愛般地不斷採買有這些元素的衣服。其實孩子的喜好，跟好看不好看無關，我觀察一陣子就發現癥結何在：因為父母一昧地滿足他們的喜好，久而久之孩子少了嘗試不同的服裝與造型的機會而越是抗拒，孩子對這樣東西感到陌生時，就被解讀成他不喜歡。

家長不要怕麻煩，每天盡量跟孩子溝通去嘗試不同的搭配方式吧。試著用讚美與鼓勵，引導他們挑戰沒有穿過的衣服：連身褲、牛仔褲、襯衫……所有這些我們怕麻煩的衣服，其實穿上之後，小朋友都很快就會適應，找到能夠駕馭的方式，而且造型也會多變好看起來，最主要的是，透過不同的穿搭，讓孩子認識不一樣的自己。

親子時尚穿搭 Lesson Three

每一次穿搭
都是品味的練習

幫孩子採購衣服，對媽媽來說是個大學問。除了舒適、
實用、好看之外，怎麼買才不會造成浪費也是重點。

男孩的品味由襯衫開始。

福福某天自己打理的上學裝扮，讓媽媽驚艷。

我在幫孩子買衣服的當下不會特別考慮場合，多半是以衣服本身好看為主，接著會考慮如何和衣櫥裡現有的款式作搭配。我會很克制自己不要失心瘋亂買，因為小孩的生長速度和喜好真的不是我們可以控制的，先把生活所需的必備款買齊之後，再慢慢添購配件或流行單品去搭配，盡量不要買雷同的東西，互相變換比較不會看起來每天都穿得很像。

我的省錢的方法是，我會把孩子穿不下的洋裝當成長上衣；牛仔褲只要腰圍還可以穿的就留著，一路從全長穿到七分都有！洗不掉髒汙或起毛球看起來舊舊的衣服就當成家居服穿，但我從不會幫孩子買大兩號的衣服，想說這樣就可以多穿兩年，因為這樣兩年間媽媽就少了幫孩子買衣服的樂趣呀！而且同一件衣服我還要多看兩年，多沒意思。

我喜歡孩子長多大就穿多大的衣服，這樣不但他穿得舒服，我們看了開心，又可以讓孩子在穿搭上一直有變化，也充滿了討論的樂趣。我們大人不管櫃子裡有多少衣服，每季都要添購新裝了，為什麼要讓孩子同一件衣服一直穿呢？等到孩子長到適合衣服的

尺寸時，衣服早就舊了、過時了，到底是衣服穿孩子，還是孩子穿衣服呢？我還是要強調那句老話，我們大人少買一件，就可以幫孩子買三件，小孩子的衣服真的沒有很貴，掌握好每季衣櫥裡該添購的品項，而不是毫無頭緒買了一大堆不穿，或是不知道該怎麼穿，就不會造成浪費。

建立小孩的自我穿衣風格

會來我店裡買衣服的家長通常都比較有主見，屬於比較清楚「我要怎麼打扮孩子」的父母，但是我觀察他們一段時間之後發現，他們買的衣服雷同性很高，這時我除了給家長一些不同的穿搭建議，也會問問他們的小孩子喜歡什麼。

我很驚訝的是，小朋友會喜歡我店裡的衣服，是因為與眾不同，有一些新意，他們發現自己穿的衣服跟別的小朋友不太一樣，會產生一些好奇心，也喜歡這樣的裝扮。就像我為店裡進了一個設計師的系列衣服，它的特色是上面有流蘇，媽媽們一開始接受度不高，因為都是黑灰色，但因為我女兒很喜歡，又是有機棉，穿起來很舒適又很方便清洗，價格合理很超值，我有信心小朋友會愛，所以常常跟媽媽們大力推薦。

有一次一位媽媽半信半疑的買回去，因為據說她女兒非粉紅色不穿，結果她回來告訴我，她女兒愛得不得了，我覺得這是因為媽

有趣的流蘇細節征服了無數小女孩和媽媽的心。

媽跟小女兒都沒有遇過這樣的衣服，也沒有一起討論過穿搭這件事，所以媽媽單方面以為孩子不會愛，也因為這個經驗，讓我有信心推薦給其他媽媽。

如果衣服上有一些有趣的元素，小朋友通常都會很喜歡，尤其小女生喜歡一些可以造成話題的衣服，可以加深跟其他小朋友互動的機會。所以，小孩的自我穿衣風格，其實可能早已形成，只是家長沒有發現而已。

有時候也會發生媽媽不喜歡某件衣服，但小朋友說很喜歡的狀況，這時候我建議家長們，就算你不喜歡，但還是可以讓孩子試穿看看，也許他穿上了出乎意料的很好看，你們可以藉此一起討論這件衣服好與不好在哪裡？增加彼此在穿搭這件事上的共同話題。

相較於我女兒跟其他小朋友之間的不同，或許是穿搭衣服這件事情帶給她很大的快樂，就像有的小孩喜歡玩具，有的小孩喜歡音樂或繪畫，我女兒就很喜歡衣服。也許是從小被我這個媽影響吧，每天出門要穿什麼衣服，對她來說很重要。她不會隨便抓一件衣

服套了就出門，而會依照自己的心情去挑選。

我們家的習慣是每天晚上討論，明天上學要穿什麼，我因為有試圖強迫她多穿褲裝的要求，所以常常建議她適合褲子的穿搭，但往往會發現，前一天晚上搭配好的褲子，隔天她沒有穿，還是自己挑了裙子另外搭配，她給我的理由是，今天不想穿褲子。我的女兒很注重自己每天早上起床的心情，適合穿什麼顏色。我問過自己，小孩子也會有心情嗎？這是我從女兒身上學到的一課，所以我們也會討論，什麼心情是什麼顏色。今天的心情是這樣的話，適合什麼什麼呢？這是她獨特的美感，我學著去尊重。

小孩子的可塑性很強，我盡量讓自己跟孩子之間的對話是問與答，聽聽看他想要什麼。像是現在幼稚園的小女生都很迷公主，但是我不想刻意放大或鼓勵福福這方面的喜好。第一次過萬聖節時，我幫福福親手車了一套很美的黑色紗裙，把她打扮成美麗的巫婆，但她超不開心的，跟另外兩個小朋友拍照時，擺了一張好臭的臉。第二年萬聖節時，我就去永樂市場找遍所有粉紅色的布，幫她做了一套最美的粉紅色公主裝，讓她公主到極致，平常我不想讓她

媽媽與福福的時尚對話

今年萬聖節妳要幫我做衣服噢！

你們學校不過萬聖節的呀！

那 N 阿姨邀請我們參加的 Party 怎麼辦？

穿上次做的那件 cinderella 就好⋯⋯

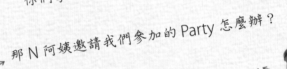

因為做那個好累好傷眼睛噢！
媽媽一年只能做一件⋯⋯

媽媽自認很美的巫婆裝。

當公主，很怕養成她以為自己是公主的驕縱，所以我選擇一年中有一天，媽媽滿足你的公主夢，那天她超開心的，和身旁二位也是粉紅色公主拍照時臉笑得超燦爛極了。到了第三年，這次我問她，「今年妳還要當公主嗎？」她卻回答我，「不要，我要當巫婆。」她現在知道世界上不是只有公主，兩年的比較之後，她覺得巫婆很酷，開始有了自己的想法，因為我已經把她的公主夢給到極致了，夠了，她就開始丟出不一樣的需求，想要不一樣的東西。當孩子喜歡某一樣東西時，可以適度滿足，但不必刻意強化，他們的想法是會改變的，不是永遠只能接受某一樣東西。

穿搭前的八件重點課題

跟小朋友研究穿搭，其實是很輕鬆有趣的過程，也是每天都可以進行的親子互動時光，透過穿衣服培養美感多簡單，無形中上了色彩學這門課，多棒呀！如果換個角度來看，衣服是每天都要穿的，從生活中就可以練習美的敏銳度，當作是教養的一環，這樣的訓練也不需特別花錢，就不會覺得有壓力了。美感，不是什麼巨大的課題，而是日常生活中的必需，把心情放寬放鬆，開開心心像陪孩子玩遊戲一樣就好。

1. 練習穿搭之前，最重要的一課，就是我一再強調的：媽媽們要學著少買。小孩子穿衣服的重點不在多，而是要都穿得到，不要造成浪費。如果孩子衣服不多，就必須靠搭配才能變化，也給親子一起練習和討論的空間。也許有的家長會認為，這麼小就要開始教孩子穿搭是一種壓力，但孩子上小學之後，很多學校都有制服，這樣的練習機會越來越少，轉換一下想法，就會

發現這段時光其實很寶貴。

2.

有一件事情我很在意，就是這件衣服的背後，有沒有一間血汗工廠。以前我跟我先生對製造地也很執著，但後來越來越多精品都在某一地設廠之後，我開始對當地的工法材質與品管逐漸有了信心，才打破對製造地的偏見。出國看展時，我會特別留時間與設計師聊天，了解他對經營品牌的想法與背後的故事，如果只是以賺錢為目標，感動不了我的品牌，我多半不會下單；有些設計師自己有小孩，或是非常喜歡小孩，為了讓孩子的童年更美好，這樣的理念就是我能認同的，而這樣的設計師在挑選生產工廠的時候，就會先把關，並且將過程透明化讓顧客了解，不像女裝界都很神祕。但是，也曾發生貨品來了之後，我發現有很多瑕疵，向品牌反映卻得不到善意的解決方式，讓我很挫折的狀況，但我都盡量作好研究功課，不希望自己成為助長黑暗勢力的一員。

如果一件很美麗的衣服，售價卻很低廉的時候，我想的不是撿到

有些好看的衣服領口比較大，加件小背心在裡面可以修飾和造型。

便宜，而是背後透露的訊息，也許工廠壓榨勞工？也許使用了化學染劑，定色也不完全？穿在孩子身上會有疑慮的衣服，我就絕對不購買。

3. 幫小孩買衣服一定要讓孩子試穿，或是至少要看到、摸到衣服，所以我幾乎很少網購孩子的衣服。小朋友的衣服看起來很簡單，但事實上不同的版型和年齡，常常無法從照片和尺寸表的描述去決定該幫孩子買什麼尺寸，一件衣服適不適合自己的孩子，說真的購買當下試穿是最準確的。即便像我會飛去國外看展，現場讓女兒試穿才下訂單，到收到貨的時候都還是可能有誤差！所以光憑美麗的照片，完全無法說服我掏錢呀！建議爸爸媽媽們，還是要看到實品再購買。

4. 貼身衣物的材質很重要。像是小內褲、背心、衛生衣……等等，這些緊黏著皮膚的衣物，一定要慎選材質跟產地。除了堅持百分百純綿之外，小褲褲不建議買那種充滿印染的化學顏料，一包三件甚至七件才賣一兩百塊的產品，我曾經

拗不過福福要求，最後只好買更多我放心的品牌來減低廉價商品的使用率！我挑選的貼身衣物通常沒有可愛的圖案，多半是素色、圓點或條紋，但是這樣的品質比較讓我放心。記得，不管任何牌子，貼身衣物回家一定要先洗過，才可以給小朋友穿。

小朋友比較會流汗，我習慣孩子在穿搭時，建議他們在外衣裡穿一件細肩帶純棉小背心幫助吸汗。尤其換季時，多一件小背心就可以讓孩子的肚子保暖。天氣熱了，或是有時衣服弄髒了，也多了一層衣物穿脫的彈性空間。從我女兒會走路開始，我出國就一定會記得幫她添購小背心。

5. 孩子的毛衣千萬不能刺刺的，我們家小孩的反應還好，只要我用手摸不會扎扎的毛衣，他們多半穿得住，但有些媽媽會跟我反應，他們家小朋友總穿不住毛衣，每次穿就直說好癢。

每個小孩對毛衣的敏感度不同，我建議內搭不要太薄的長袖衣物，或是選購喀斯米爾羊毛，不過就要忍受比較高的單價。若預算有限，可以把棉毛混紡的產品列入考慮，降低毛的成分，如此一來

就有毛衣的造型又不易過敏。

而冬天有時寒流來，許多父母會給小朋友穿毛料的衛生衣保暖，也是要注意不能讓小朋友感覺刺刺的，否則他們會一整天都很難受，造成小朋友情緒不好喲。毛衣、毛帽與圍巾這些毛類製品，挑選時要比較謹慎一點。

6. 雨衣雨鞋類在台灣很實用，但它們其實很悶熱，而小朋友覺得悶覺得熱時，卻不知道怎麼形容給大人聽。尤其下雨天給小朋友上學穿雨鞋，他就會覺得可以玩水了！雨鞋的材質通常不透氣，幾個小時穿下來腳氣容易鎖在鞋子裡，所以建議挑選專業的品牌，內裡多一層棉襯設計幫助吸汗，並穿著略高於統長的綿襪，可避免摩擦皮膚。有些平價雨鞋很可愛，但是對小孩子的皮膚與排汗都不好，萬一引發皮膚疾病就省小失大了。一分錢，一分貨，是恆久不變的道理呀。

舒適的衣服總是讓孩子穿得開心！

7. 再說一次，小朋友的鞋子很重要。最近我被我兒子的一雙球鞋嚇到了，第一次知道原來小朋友的腳也可以這、麼、臭。有一雙知名品牌的球鞋，因為好搭配衣服又很方便吉吉自己穿脫，所以常常穿。有一兩次趕著出門，懶惰沒有穿襪子，這雙鞋就臭了，而且汗味無法排出越累積越誇張，我都不敢想像小朋友的腳丫，怎麼可以臭成這樣。因為吉吉很重視鞋子，同時有好幾雙鞋同時輪替著穿，才發現原來是鞋子的問題。

這個經驗也再一次讓我相信，小男生的腳汗威力強大，千萬不要同一雙鞋天天穿，鞋子的好壞有時候真的穿了才知道，當你有至少兩三雙鞋可以比較時，就算覺得也許外觀差不了多少，但哪雙鞋子材質不好，或是款式不合穿，絕對很快就可以判別出來。依功能多幫孩子準備幾雙鞋替換，絕對錯不了。

8. 小朋友穿衣服舒適度很重要。盡量不要買衣服領口或褲腳縮口太小的褲子，因為這會讓小朋友學習自己穿衣服時不方便，尤其剛學會自己穿衣服的小朋友，會增加穿衣服的困難度，

容易讓孩子有挫折感。再來是現在小朋友通常發育很好,比較肉肉的小女生就不要給她買合身平織類的洋裝,她們會覺得不舒服,活動不便,產生被綁住的感覺。至於先前提到很多父母擔心的牛仔布,覺得牛仔布比較粗硬,只要留意挑質料柔軟一點的,就不會有不舒適的問題。

每個小孩在不同階段的接受度不同,也許這一季不喜歡的服裝下一季就突然願意嘗試了,不要在當下強迫他們穿上你選購的衣服,善用技巧溝通討論,有時候孩子是會轉念的。

不能沒有這些單品

- -

小孩衣櫥裡的必備款

首先我要提醒大家，小男生跟小女生的服裝，並不是只有顏色，或裙子褲子的分別，他們的版型也完全不同。衣服要穿得舒適好看，版型很重要，就算只是一件小小的上衣，男孩女孩的胸圍與肩線等細節設計完全不同，所以依性別挑選衣服是很必要的，而中性款式的設計就得靠搭配來展現特色了。

必備款在我的定義裡就是：哪怕你這一季只有買這幾件衣服，也可以用最簡單的方式搭配出幾個不同的 Look，非常實用。我是個金牛座的媽，很愛精打細算，一件衣服都不想多買，而且絕對不會只求穿起來好看，機能與實用性也是我平常幫孩子準備衣服的重要指標。

以下就是我數年來歸納出的心得，希望跟各位爸爸媽媽們分享，

牛仔褲是男孩必備單品之一。

也許有些建議是平常大家不會考慮的品項，但其實多半是心態與觀念的掙扎，換個角度看就會發現，許多規則是可以被打破的。

小男生的不敗單品

吉吉年紀還小，以前我給他穿什麼他都不在意，但現在三歲了，也開始有自己的意見，像是每天出門的時候要穿哪一雙鞋子他會很堅持，要自己挑，而且一定要穿那雙。

他也開始會自己選衣服，會看姊姊怎麼做，跑去照鏡子。弟弟我比較沒有刻意培養他選搭衣服的概念，他都是跟著姊姊學，姊姊怎麼做，他就跟著一起，也會去跟姊姊溝通。

小男生的衣服相對來說比較少，顏色風格比較一致，所以方便互換搭配，我發現最近他開始有興趣學著怎麼搭配衣服，會自己照鏡子時說，「喔！我穿這樣好帥！」我幫他拍照時也會一直鼓勵弟弟說好帥，比個帥的 Pose，他比較不怕鏡頭，我覺得他很有潛力當童裝小麻豆。

牛仔褲

小男生的衣服選擇相對少，下半身只有褲子可以變化，所以儘管有些爸媽會排斥，我還是強烈建議將牛仔褲列入必備單品，不然，想要穿著有變化，或是看起來有型，就只有長褲、短褲、運動褲可以搭配，選擇真的很少呀。牛仔褲的風格和刷色，實在不是其它褲子可以取代！建議依身型選擇適合的版型，以簡單刷色為主，牛仔褲就是要好搭耐穿，太多花俏裝飾則不太推薦，容易過時也不好照顧。

襯衫

只有 T-Shirt 可以變化的人生太單調，很容易就看膩了，一點也不特別！我推薦小男生可以不時穿穿襯衫展現帥氣。像我兒子就超級明顯，我都笑他穿圓領 T 時像小猴子，一穿上襯衫就變人了。

我知道很多媽媽不想給小朋友穿襯衫，是因為懶得幫小孩扣鈕子，但這樣就會大大減少孩子耍帥的機會呀，而且，媽媽懶得扣，就會加速訓練小朋友自己學著扣鈕子，促進眼手腦協調，多好！教

出席正式場合時，襯衫是男孩最佳選擇。

合身的 T-Shirt 加上 Skinny 牛仔褲，簡單舒適有型。

小朋友從最下面一顆開始往上扣，就會大大降低扣錯的機率喲！

襯衫可以單穿也可以當薄外套，出席正式場合也比較端莊，是非常好為小男生造型做變化的必備單品。

白素T或素色T恤

我所謂的白色或素色，要沒有圖案，綿的織法扎實。版型要漂亮！什麼是版型要漂亮，就是我們女生自己買素色T恤時，多半不會挑一件直筒筒的T恤，一定會挑有腰身，或是下擺短一點，肩膀或袖口形狀比較漂亮的。幫小朋友買T恤也是同樣道理。

男生的T恤當然看起來都直直的，想要有型，可以找一些不是太Sporty的款式，我用自己的話來說，就是「型男的白T恤」，就像看到雜誌裡男模穿的白T，可能會比較合身，肩線比較窄，跟運動系列的版型截然不同。女生就會有小包袖，V領等設計，身型比較纖細材質也較薄，讓素色 T-Shirt 不會那麼陽剛。

至於要怎麼挑「型男的白T恤」，首先就是它必須跟你衣櫃裡現

有的 T 恤版型完全不一樣，這樣穿起來的感覺就會令人眼睛一亮，然後可能領口大一點點，衣寬窄一點點，或是袖子稍微合一點，不是這麼粗獷豪邁的感覺。

這樣的素色 T 就算單穿也很有型，又很容易做搭配，從小小的變化開始營造耳目一新的感覺。

短褲

短褲的挑選重點就是褲長。

小男生一定要有短褲，但不管他的腿是長是短，是胖是瘦，請爸爸媽媽記得不能過膝，褲管一過膝看起來就會很土氣。除此之外，還有一個很精采的變化是很多爸媽沒想到的，冬天也可以穿短褲，然後裡面加一條 Legging。我可以想像你的眼睛瞪大了，哈哈，千萬不要以為小男生不能穿 Legging，他們穿起來超帥氣的。

去年冬天我就幫我兒子這樣打扮，不過我幫他挑的 Legging 不是那種女生很貼腿的款，而是比較毛比較有膨鬆度的樣式，效果意外

Bonpoint 早春系列的短褲充滿了度假風。

連帽外套是媽媽的好幫手，突然起風或下雨可即時應變超方便！

好，完全不娘，多層次的造型很帥，重點是保暖，我非常推薦。

連帽外套

連帽外套是我覺得養小孩太好用的東西，完全不用管他要不要戴帽子，或是要怎麼搭配，出門套一件連帽外套就是很拉風，也不怕下雨刮風，適合秋冬各種天氣變化，夏天也可準備一件薄的，應付有冷氣的空間，看起來又超可愛。

這是太實用的衣服，也幫媽媽省了很多事，完全不用擔心今天忘記隨身帶帽子、圍巾，或是突然下雨了，要去包包裡挖帽子挖半天，反正就是把帽子蓋上去，上下車，容易受風寒的時刻最方便了。我把連帽外套列入小男生必備單品，是因為這種外套款式通常比較中性，有的帽子上甚至還會有耳朵造型，超萌哇！

小女生的必備不敗單品

洋裝

洋裝的美妙不用多說，除了小女孩喜歡，穿著的時間也很長，堪稱高 CP 值單品。一樣單品有好多種選擇，正式場合可投資緞面小禮服，郊遊踏青可以選擇小碎花搭配草帽，海灘戲水有毛巾布款式遮陽兼造型，而最實用的當然就是具彈性的棉質洋裝，不特別強調腰線設計的，長高後還可以當長上衣穿。

針織衫

開襟整排扣的針織外衫，可以搭配裙子褲子，材質有棉的有毛料的，不管冬天夏天都很好搭配，也方便攜帶。裡面的 T 恤或襯衫記得不要太寬，以免外衫的線條受影響；夏天準備薄綿布料搭配背心，不需要時綁在腰上或肩上做造型；冬天穿在外套裡面，當做中間那一層的變化，非常推薦。

洋裝的選擇很多，一年四季都是女孩必備單品呀！

運用配件可為一件式的單品加分。

牛仔外套

我會建議小女生有一件牛仔外套，因為很多小女生習慣穿得非常柔美，這樣風格太統一單調，很難表現出層次感，如果搭上一件牛仔外套就完全不一樣了。比方說，穿個小碎花洋裝，配上牛仔外套就是西部鄉村風；如果穿 TUTU（小女生愛的紗裙），上面罩一件牛仔外套，就有都會搖滾風，很適合展現個性豐富視覺，可以和小女生千變萬化的裙裝搭配出各式造型。

Legging

小女生一定要有 Legging，穿去上學可以避免曝光，好活動。可以穿在裙子裡作多層次搭配，或是搭配長上衣。但請不要因為Legging 很好用就買一堆天天穿，不僅容易亂穿，也失去搭配的樂趣了。還有，建議起毛球的記得修剪或是汰舊當家居服吧，小女生就是要漂漂亮亮的注重自己的外出儀容喔！

大衣

冬天如果不給小女生穿一件大衣，就只有連帽上衣或羽絨外套的選擇，這樣太中性，跟小男生沒有什麼分別。而且羽絨外套不易和洋裝搭配，也無法配出時尚感，雖然很保暖，但無法造型。大衣就不同了，兼具保暖與造型，裡面不論穿裙子或穿褲子都會有不同風格。

以上這些是推薦給孩子衣櫥裡必備的基本款式，每一季初可以先採買起來，其他才考慮看到孩子喜歡的樣式和需求，慢慢添購即可。

女孩必備 —— 針織衫。　　　　　　女孩必備 —— Legging。

女孩必備 —— 牛仔外套。

女孩必備 —— 大衣外套

時髦還是很重要呀

時髦款

時髦單品就是指一些爸爸媽媽通常比較不敢嘗試的衣服，會有別
於平常購買的單品，但我會建議不妨試試看，因為這些衣服對於
提升小朋友的造型時尚感，有很大的加分效果，而且會讓人眼睛
一亮。

Skinny 褲

就是窄管褲啦，往往父母會擔心貼身的褲子會不會活動不方便，
於是不敢購買，但我實際幫自己小孩穿的心得是：窄管褲的材質
通常都比較有彈性，而且它的腿部線條跟一般褲子有明顯的不同，
一穿上去，就感覺很修長有型，跟 Legging 那種貼膚的效果又很不
一樣。不管是單寧，或是今年很流行的絨布，都可以大膽買一兩
件讓孩子試試看，會很有驚喜。

幽默感的塗鴉

小朋友在童年時期，應該要穿一些可愛的圖案展現活潑感，不然就只有條紋或圓點不是很無聊嗎？通常說到可愛的衣服，我們第一個想到的都是卡通，但那又毫無時尚可言，只是小朋友喜不喜歡，或是可不可愛的分別而已。怎麼辦呢？於是我發現這幾年歐美很多服裝設計師，開始把創意發揮在 Graphic Design 上，他們很多本身都是平面設計師，當了媽媽以後把對孩子的愛表現在插畫中，或是將既有的卡通圖案用比較柔和的畫風呈現，有時候甚至只是一句幽默簡單的句子，都能在時髦感中保有小朋友童真可愛的感覺。

設計師聯名系列

還有一個快速和時尚接軌的方式，就是穿上設計師聯名系列的童裝。有幾個平價服飾常常推出這樣的系列，像是 Uniqlo 和 Helmut Lang 設計師 Alexandre Plokhov 合作的系列，用親和的單價體驗設計師的簡約設計，機會難得且大受歡迎；還有像 Jeremy Scott

時髦推薦 —— 塗鴉上衣。

時髦推薦 —— 設計師聯名系列。

時髦推薦 —— TUTU 紗裙。

時髦推薦 —— 皮衣外套。

與 Adidas 的合作系列，大膽設計常常令人驚喜。設計師的線條獨特，而合作品牌價位親和對一些不知道怎麼入門的媽媽，是很容易取得的管道，可以從這些聯名款開始下手做造型變化。這還有另外一個附加的好處，如果爸爸媽媽本身就是這些品牌的愛好者，設計師聯名系列就可以讓小朋友跟爸媽穿近似或雷同的衣服，塑造親子相同的 Look，這樣的連結小朋友通常都會很開心，也能製造親子的共同話題。

TUTU 裙

小女生最愛的紗紗裙，我把它列在時髦單品，因為這不是一件可以常常穿的衣服，雖然小孩子可能希望天天都穿它。但是 TUTU 不是一個方便的裙子，材質是硬紗也不舒適。我女兒曾經在學校穿了一整天襯有網紗的短裙，回來晚上洗澡時，我就發現她大腿後側的皮膚，都已經因為摩擦過多呈現輕微紅腫的狀態，這種尼龍材質對小朋友的皮膚刺激還是太大了，實在不適合長時間穿著。再來是，這麼澎的裙子讓小朋友不好活動，但女生卻都很愛，所以只好選擇適當的場合和時機，當作偶爾變換造型使用。

皮衣

不管是真皮假皮，現在有越來越多小朋友皮衣出現，精品品牌的童裝皮衣動輒五六萬以上，畢竟皮衣可以塑造出的 Look 沒有任何東西可以取代，穿上去一定時髦，逐漸有品牌推出小朋友的皮褲、皮裙。無論真皮或人造皮，單價往往偏高或數量稀少，所以我把它列為追求極致必備的時髦單品。

斗篷

線條造型特殊，尤其在季節變換時可以創造強烈的時尚感，有些媽媽覺得不好穿又不保暖，但其實季節交替之際，它還是有基本的擋風效果，裡面搭一件長袖，下身配裙子或褲子都很可愛，又比外套看起來輕盈、有變化，冷氣房裡也很好用。由於斗篷的無袖設計沒有束縛感，小朋友手部活動方便，我女兒非常喜歡。

時髦單品 — 斗篷上衣。

時髦推薦 —— 蕾絲設計。

時髦推薦 —— 毛背心。

毛背心

這當然比較適合女孩子，如果全身衣服著裝完畢，最後希望有個比較完整的 Look，毛背心就可以創造很棒的整合效果，台灣的天氣也很適合用背心穿搭變化，有實用功能又兼具造型，如果是可以兩面穿的背心，變化又更多。從數個月的小女嬰到大女孩都適合，也成為推薦送禮的最佳單品。

蕾絲

長髮飄逸的小女孩，再適合蕾絲不過了！復古蕾絲有一種獨特的氣質，能帶出小女孩沉靜柔美的風格；穿上蕾絲，滿足了她們對新娘服公主服的幻想。夏天可以選擇襯有蕾絲布邊的純白背心或裙子，冬天則可以試試蕾絲分量較多的襯衫或是洋裝，顏色上可以選擇米白色以便和冬天較沉穩的衣著顏色搭配。

單品也有禁忌類？

出門在外我常觀察周圍父母怎麼幫孩子穿搭，如果看到連外出郊遊也願意為小朋友精心打扮的父母時，我心中都會暗暗叫好，那是一種帶點激賞的心情，甚至會有點感動，「學穿搭最重視的就是這種精神呀！」

這是我的第一本書，思緒一直在工具書與分享心得之間掙扎。一位瘋狂愛童裝的媽媽，跟小朋友每天怎麼藉著搭配衣服親子溝通的日常，畢竟是私密生活瑣事，對別人來說，有趣嗎？就像沒有一套方法適合所有親子教養，也沒有一種穿搭公式適合所有小寶貝，我想我能夠提供的，就是幫每一件衣服打破迷思，給爸爸媽媽們一點鼓勵，「試試看吧！讓孩子嘗試穿穿這些衣服，效果真的很不錯！」

還是那個觀念：設限越多，體驗越少，未來穿搭的可能性就越侷限。

彈性的布料改善了連身褲穿脫困難的缺點，
一旦穿上後便能營造搶眼的整體效果。

穿著長洋裝的女孩像個小公主，
只要挑選簡單的材質和設計，也能成為日常衣著之一。

我把一些過往長輩覺得很麻煩，或是媽媽們看了常常皺眉頭的衣服，歸類於禁忌類。

連身褲

家長會覺得不方便，小孩上廁所怎麼辦？經過福福實驗的心得是，其實連身褲就是褲頭高一點的褲子，習慣了以後對小朋友來說完全不影響上洗手間的方式。我會在連身褲裡面給福福穿一件細肩帶背心，上洗手間把褲子拉下來時上半身就不會裸露，她有很多條連身褲，有時候也會穿去上學，不認為有什麼不便。挑選的時候，要選擇有彈性的布料，像我們小時候穿吊帶褲，因為沒有彈性，上廁所還要解釦子，前後還分兩大片，增加了穿脫的難度，如果是有彈性的一件式布料，直接就可以拉下來，對小朋友來說就很方便。小朋友的接受度與自理能力，都比我們大人想像的高很多。

長裙或長洋裝

過膝以後的長度，以及有流蘇的褲子，也是大人比較不敢幫小朋

友買的衣服，可能擔心萬一踩到或勾到有點危險。但我是這樣看的，如果是小嬰兒，還不會自己爬行和走路時，長一點的裙子反而可以遮住尿布。已經會走路的小朋友，可以選擇假日或出去參加聚會時穿，孩子再大一點會照顧自己了，就更不用擔心。因為小女生都很喜歡長裙或長洋裝，穿上它會很開心，偶爾變化一下造型，也變化一下心情。曾經有位媽媽在我店裡買了一件長裙，本來還有點戰戰兢兢，回去孩子穿了之後太喜歡了，又回來買了另一個顏色，很多擔心都是爸媽因為愛而產生的心理負擔，穿著時較危險的地方稍微注意即可。

如果願意打破既有的觀念，避開太正式隆重的的設計，用自然的大方的態度穿著，其獨特的飄逸感，能夠滿足小女孩想要當公主的浪漫心思，又可以時尚地走在街頭，與其擔心，不如藉機訓練她的美姿美儀吧！

以上是我非常推薦給媽媽們放膽嘗試的單品。

厚重外套或羽絨衣

台灣可能因為天氣比較溫暖，許多爸媽覺得孩子穿不到厚外套，但每年冬天還是會有幾道鋒面，完全沒有這樣的衣服還是不行，總不能特冷的那幾天，就把孩子包得跟饅頭一樣，或是裹著棉被出門吧？如果希望穿出時尚感，每一種天候都要有能對應的服裝，的確穿著時間不長，但絕對用得上，而且這件厚外套還是要好看，要能夠跟衣櫃中其他衣服搭配。

很多爸媽寒假會帶小朋友出國玩，或是到寒帶國家滑雪，這樣的外套絕對會讓孩子更能安心地享受旅程。某精品羽絨外套的單價越來越高，還是供不應求，因為當爸媽自己體會到輕巧保暖的同時，自然會想替孩子也準備一件。小孩子更需要在天冷時穿得舒適好活動，在我心中這是很自然的道理。

圍巾

我發現很多父母也不習慣給小朋友使用圍巾保暖，大概也是因為擔心不安全，或怕掉怕麻煩，而選擇高領套頭上衣。但這些都是

利用明亮的色彩減低厚重的壓迫感，或是有趣的圖案和細節增添造型。

多注意一下就好的事情，圍巾可以為造型加分也很實用，以台灣的天氣跟活動型態來說，如果在都市，你可以不買厚外套，但圍巾或帽子絕對不可少，小朋友活動力強，圍巾的好處是可以穿脫避免在室內悶熱流汗。這都是可以用很久很久的配件，它沒有尺寸的限制，也不易耗損，一定要準備一些，是很值得投資的配件。活動力強或是少根筋的孩子，也可以購買脖圍使用。

無袖上衣

很多人看到這個標題，或許會有點驚訝：「小朋友不是常穿無袖上衣嗎？」但我其實觀察到，很多父母在幫孩子挑衣服時，都會避免挑無袖的，或是腋下鏤空太多的款式，或許是基於避免裸露太多的考慮，一方面也怕小朋友著涼。

這些顧慮其實都很好解決，買對衣服版型，就可以輕鬆避免。女孩適合腋下包覆比較高，以及比較貼身的款式，無袖上衣其實好看又實穿，看起來乾乾淨淨，又很好整理。如果是比較寬鬆的款式，擔心領口袖口走光，裡面再多搭一件細肩帶背心就好，看起

來多一些層次。多花一點點小心思，就可以立刻產生「這個小朋友穿的衣服，有精心搭配過」的效果。

由於台灣夏天無比濕熱，穿無袖上衣對體溫較高的小朋友們來說很舒服，他們活動量又大，很容易出汗，像我自己帶孩子去動物園或遊樂場時，一定都會在包包裡多放兩件無袖上衣，體積輕巧容易攜帶，孩子身上衣服流汗濕了，就可以馬上更換乾爽的新上衣，這樣更不容易著涼。

無袖背心對我來說在某些場合很好用。例如，秋冬我都會幫孩子在衣服裡面多加一件貼身無袖上衣，有些衣服比較寬大，裡面多襯一件可以避免風大時肚子受涼。福福已經很習慣這樣的穿著方式，天氣一冷她就會自己穿上，也會主動告訴我，她覺得哪件無袖上衣太小了，女兒在無形中養成多加一件內衣的概念，她已經有自覺地開始保護自己的身體，也讓我更放心。

國外很多小朋友泳裝的設計，沒有上衣只有下身，小嬰兒也常常包著尿布就趴趴走，我不太為「小朋友穿這樣會不會太露」這種

問題擔心，無袖上衣或細肩帶背心，在我的小朋友衣櫥中是一年四季必備的，夏天是上衣，秋冬就變成貼身衣物，給不敢幫孩子買無袖上衣的爸爸媽媽們參考。

長版上衣

與其說長版上衣會被列為禁忌，應該說爸媽對這類上衣比較陌生。如果擔心外套不好搭配，請容我說句實話：「怕買衣服、搭衣服

無袖背心在炎熱的臺灣夏天很適合活動也方便更換，
搭配布料稍具挺度的下半身以平衡上衣過於休閒的感覺。

麻煩的父母，是不可能幫小孩穿出時尚感的！」其實所謂禁忌，常常都是爸媽自己偷懶的藉口，這樣可無法培養出穿搭美感哇！如果購買衣服時只想要簡單、好整理照顧、又想要好搭配、最好要不花腦筋……全部所謂的百搭款加起來很可能穿不出特色，也沒造型感！已經在看這本書的你，一定是願意打開心房，接納更多可能，並且願意嘗試的爸爸媽媽。

襯衫式長版上衣變化性高且穿著時間長，是值得投資的單品之一。

回到長版上衣的種種可能性，想想下面配一條 Skinny 或是 Legging 多麼可愛！還可以穿短褲再搭上及膝長襪或褲襪，都是很適合小朋友的穿搭。外面不妨罩件小背心或是長版 Cardigan，甚至是襯衫，都可以穿出層次感。所以關於長版上衣的禁忌，如何突破？就是爸爸媽媽不可以偷懶喲！如果希望小朋友時尚，要放膽多多迎接挑戰！

風衣款

有一些家長看到風衣，會覺得又愛又恨，愛它的經典和細節，卻又覺得風衣結構複雜，有帶子有扣子，不屬於日常需要的衣服。如果想要買一件外套每種場合都能穿的家長，更不會選擇幫孩子買風衣，於是風衣成為小朋友身上很少見到的單品。

尤其經典風衣是卡其色，又是屬於不好照顧的淺色系，加上風衣比起外套，畢竟沒有這麼保暖，更會讓爸媽採購時打退堂鼓，但風衣有沒有優點呢？當然有！

最鮮明的，就是風衣的 Look 不可取代，風衣的材質與版型，有它

獨特的俐落感，不管小男生或小女生，只要穿上風衣就會增添一絲帥氣，就算裡面只是搭配簡單的上衣、長褲，看起來也很有造型。

我後來也觀察到，願意幫孩子打扮，或是希望小朋友看起來時尚有造型的爸爸媽媽，確實會先把功能性擺一旁，其實衣服最主要的功能是蔽體，再來就是視覺效果了。如果先建立這個概念，很多衣服都值得嘗試，要怎麼兼顧好看與功能，還是可以靠搭配解決。

對於風衣，我的想法是，它也許不是一件必需品，卻是一個學習的機會，一個學習在穿著上有一些想法與態度的造型參考，如果有預算，有時候可以追求一下造型。小朋友對於自己該穿什麼的學習，有時還是需要大人給他一些想法，如果只遷就小朋友的喜好，就失去了親子培養美感的機會和樂趣。

我很清楚福福喜歡什麼衣服，但偶爾我會故意給她不一樣的造型挑戰，可能是指定一件她不那麼擅長搭配的衣服，跟她一起研

究可以怎麼搭，或是什麼東西不能搭。如果我提供的意見讓她穿了以後得到讚美，那當下我不給她穿某件衣服的不愉快，很快就消散了，這是我們之間的穿搭練習，也藉此培養對於造型的默契和審美觀。

風衣可以優雅可以帥氣，
善用配件即可變化出不同的個性。

全身黑

傳統觀念的壓力下，我們在幫小孩選購衣服時通常會避開黑色，
更不用說全身黑了！我也是在福福大約三歲後才開始添購黑色的

黑色是 SuperMa 認為最酷的顏色之一，
把亮點放在釦子，袖口等細節部位即可切
割大面積的沉重感。

用簡單合身的褲子加上乾淨的髮型來
突顯袖子的特殊線條，可避免全身布
滿過多複雜設計的凌亂感。

衣物，一開始是因為好奇，想看看黑色的效果，後來發現黑色很容易呈現時尚感，有時候印花的下半身比較難找到合適的上衣搭配，這時候黑色的上衣就很好用，不僅可以把注意力集中在印花上，還有助於平衡視覺，改變以往不同印花或上衣顏色不合適所帶來的零亂感。

大部分時間小朋友的穿著不會出現黑色，所以偶爾可以用黑來表現個性的一面，利用深藍或深灰的局部色塊作層次上的變化，就可以把全身黑色的裝扮變得較有立體感。不同的布料材也會展現出不同的效果，如果正式場合穿膩了米白，粉紅色，可以試試帶有光澤的絨布或是毛背心，這類具有華麗氣息的黑色單品，綴以金屬或珍珠配件也很隆重有氣質。

黑色的另一個好處是容易和爸爸媽媽搭配成親子裝（黑色在大人的衣櫥是占比最多的顏色呀！）下次試試用黑色當共同的元素做全家福打扮，會比穿著一模一樣的 T-Shirt 來得更有巧思，整體感強烈又不易出錯喔！

特殊剪裁

蝴蝶袖、澎澎袖常讓爸媽頭痛塞不進正常外套的袖籠裡，因此 SuperMa 會選擇材質較薄有彈性的設計，減少穿著外套時的擁擠感。另外如衣服上有立體裝飾設計的，在洗滌時要特別注意會不會被破壞或染色，這類衣服建議稍微浸泡後手洗，再置入洗衣袋內脫水晾乾以避免變形。

通常剪裁特別的款式往往注重流行性或品牌特色，其功能較偏向造型，除了衣物外觀的線條特別外，其創意和設計充滿了新鮮感，這類單品可遇不可求，所以 SuperMa 看到喜歡的只要單價合理一定會購買起來當「造型服」，自我幻想列為收藏品掛在衣櫥看了也賞心悅目啊！推薦時尚不落人後，並且喜歡與眾不同的爸媽。

畫龍點睛的單品

在具備了服裝以後，運用配件來作最後的修飾讓造型更完美。

最推薦的就是帽子了。帽子可說是孩子剛出生第一個使用的配件，在頭髮的型還不明顯時，帽子可用來取代頭髮和服裝連結，從小養成戴帽子的習慣也可以避免長大後對帽類配件的反感。

毛茸茸髮帶兼具保暖和造型功能，
是冬天的時尚配件之一。

紳士帽可以和哥哥弟弟共用，是 SuperMa 認為最實用有型的帽子。

如果特別一點，有紀念性或收藏價值的配件就是項鍊、手環。挑選質感好的金屬材質，教會孩子保管和收納，一路陪伴孩子長大以後是很美好的回憶。

另外我在逛街時會注意節慶氣氛的配件，我建議可以幫小男生準備一個 Bow-tie 或領帶，女生特別一點的，例如：眼罩或是小手提包……有正式場合時才不會臨時抱佛腳。

功能性的配件像是背包，如果是上學使用的話記得要挑選耐髒好清洗的材質，包包附有分隔小袋方便收納，也要注意開釦的方式對孩子來說會不會吃力或麻煩。

女孩上學後常會在學校讓老師綁頭髮，我會準備不同色系的髮飾用品或小髮夾，讓福福搭配衣服。千萬別輕忽這個細節，剛開始我不知道綁頭髮在學校是很普遍的事，每天接福福放學都會受到驚嚇，不是很多彩色橡皮筋在頭上，就是綁了和衣服不搭的髮型。之後髮型也變成造型溝通討論的要點之一，女孩的花樣實在太多了，我這個媽已經開始覺得不勝負荷，幸好福福看多了巴黎小女孩的披頭散髮，能接受上學以外的時間可以不用綁頭髮。

現在媽媽們也很流行幫寶寶戴花，可惜我女兒小的時候，我找不到好看的花，要去美國一些特別的小店才能買到別致的款式，一般比較大眾平價的童裝品牌都沒有。那時候我時間不多，沒辦法細細去找，所以我女兒小時候的髮飾不多，我現在有點愧對她，覺得她一歲以前頭髮很少，長得很慢，我都沒有幫她準備什麼頭飾。連髮夾都是一歲多兩歲才夾得起來，我就想要是再生一個女兒，我一定要從出生開始就很用力幫她打扮。

總而言之，配件類的單品建議平常逛街時可以多看多注意，在配件的顏色花樣上我會購買比較亮色或是有大面積圖案的。比方說格子、星星或碎花，這樣小孩子就算衣服穿得很素，就可以用配件來作搭配點綴。

最後，真的很重要，很重要，很重要的配件就是鞋子了！

每一季我會必備一雙黑色的鞋子給福福吉吉，除了好搭配也不易髒，一雙黑的慢跑鞋或是靴子都很適合搭配出時尚感。或是經典雋永的 Converse，也是百搭且價位合理的選擇。

圓點和迷彩永不褪流行，也很適合小男孩。

褲襪／髮夾／帽子／雨鞋 都是造型和功能兼具的單品。

課外活動 Extracurricular Activities

時尚之外的叮嚀

服裝配件的洗滌保養建議

初生的小 Baby 衣物，建議和大人的分開洗滌，現在有很多寶寶專用洗衣精，不含化學成分及任何香料等刺激成分，避免清洗後的化學殘留對寶寶皮膚引起過敏。小孩長大之後，我們家是大概一歲以上就開始跟大人衣服一起洗，除了深淺色衣服要分開，也可多利用洗衣袋保護衣物，洗衣精則是使用有機成分降低對環境的汙染。

我很推薦各百貨超市裡的日本去汙皂，這個東西真的太好用了！小孩活動力強，有時候會把衣服弄得很髒，或是灑到果汁、醬汁，甚至畫畫課的顏料，所以每個媽媽都必須具備去汙的能力。我從單身的時候，就養成使用去汙產品的習慣，所以去汙工具市面上能試的我大概都試過了，以前我用的是「效達」，一種凝膠狀的清潔劑。後來講求有機環保，我開始使用皂類的產品。在外弄髒的衣物只要回家馬上處理，幾乎百分之九十以上的汙漬都可以去除乾淨。我的方式是在髒汙的部分塗上去汙皂，再泡入洗衣精

稀釋的水裡，十到十五分鐘後即可刷洗去除。記得不能泡太久，髒汙反而會吃進纖維裡，就真的洗不掉了。

有些媽媽當下會一直用濕紙巾擦拭，我會稍微用乾紙巾按壓把多餘的汁液吸取乾淨，接下來就不理它等回家後再處理，因為在外面衣服無法馬上清洗，一直擦拭反而會讓汙漬更擴散。如果真的沒把握，就乾脆送給洗衣店處理。不過小朋友衣服材質多半為棉質，也不會穿很多年，我很少會送去清潔。

另外我會搭配柔軟精，讓衣物更蓬鬆舒適。以前會注重香味，現在反而擔心過多香精殘留對皮膚不好。清潔品的選擇我並沒有太多堅持，而且喜歡嘗試新產品，建議依照每個家庭的習慣及洗衣機選購適合的即可。還有一個判別清潔品好不好的方式，就是折完衣服雙手會不會乾乾粗粗的，如果有可能就是洗衣精殘留，這種情形我也會淘汰不再使用。

掛曬小技巧

曬衣服我很龜毛，因為不能忍受衣服變形，所以領口較大的款式，

會用對折的方式掛曬，對折的要領的就是注意對稱平均。可是對折可能會造成裡面那一側比較不容易乾，所以我會在隔天早上出門前去翻個面，以確保能完全晾乾。這樣對折曬的好處是：地心引力受力平均不容易變形，衣襬跟袖子也不會越來越長，或者是肩膀的地方多出兩個衣架的角。

不管大人還是小孩的衣服，我都認為要好好愛惜照顧，尤其是買了單價比較高或材質細緻的衣服，更要多花點心思，送去外面洗不一定好，尤其乾洗的洗劑對人體有害，有時候更傷衣料，所以我還是習慣自己在家洗，再小心曬乾，習慣了以後其實一點都不麻煩。我家除了老公的襯衫以及大衣類會送洗之外，其他不管毛衣還是針織品，都養成自己動手的習慣。

還可以提供給大家一個小撇步，買童裝的時候，有些品牌附有塑膠衣架，記得留下來晾曬小孩的衣物，尤其是掛褲子的衣架會有夾子，拿來曬褲子類非常好用。

再來就是曬衣服之前記得要甩兩下，尤其是容易皺的料子，一定

要做這個動作，這樣曬乾之後就省了燙衣服的步驟。

我常常會在洗好的衣服都曬起來後，自我感覺超良好，因為看到一整排這麼整齊乾淨的衣服時，很像在拍廣告，覺得自己真是太棒了！忍不住要幫衣服拍張照，自我陶醉一下。有時為了這種無聊的成就感，想拍一張全部都是淺色系的曬衣照，還會刻意整個禮拜都穿淺色衣服，這也是家庭主婦的小小樂趣，記得美感就在生活裡呀！

收納小技巧

我們家兩個小朋友有各自的衣櫃，收納時就是各收各的，也不會搞混。他們小的時候當然是我整理，我習慣把外出的上衣放一個區域，外出的褲子一個區域，另外一個抽屜是家居服，這樣小孩子就很清楚哪些衣服是在家裡穿的，哪些是出門穿的。

體積比較大的衣服，比如說澎裙、冬天的厚長褲、連身褲，或是造型特殊難以歸類的衣服與比較少穿的衣服，會用上、下半身分類另外放一區，襪子跟配件各放一區，什麼衣服放在哪裡，

一目瞭然。

分類之外，我們家小朋友從小就必須學著自己摺衣服，摺完之後要自己放到抽屜裡，一開始我當然必須帶著他們做，之後就都讓他們自己來。小朋友摺的衣服也許摺得不整齊，或是一陣子之後衣櫃會亂，我也會定期請他們重新整理，管理衣櫃不是媽媽一個人的事，我很堅持自己的衣櫃自己整理，各自負責。

我是一個動嘴巴的媽媽，不怕孩子摺得不好，或是放得凌亂，真的亂到不行時再協助他們整理。像我兒子年紀還小，不像姊姊這麼能維持衣櫃整齊，有時他拿了一件衣服覺得不想穿，就會胡亂塞回去，我也不吭聲，等到他哪天來說：「馬麻，那件衣服我找不到。」我明明知道衣服在哪，還是會回他：「那你要不要仔細再找一找？衣服找不到就是衣櫃太亂啦，你要不要整理一下？」重要的是他們一切必須自己動手，不可以把責任丟給媽媽，媽媽不是女奴。

習慣建立起來之後，他們現在自己也都遵照這樣的方式收納衣

服，只要能維持，我相信就是實用的好方法。啊，我就是個懶惰的媽媽啦！這些事情小時候不學，長大後就沒有自理能力，媽媽可不能讓你帶在身邊一輩子呀！

定期檢查衣櫃，汰舊換新，針對缺乏的單品購買，就不會踏入買太多穿不完的惡性循環中。

PARIS

媽咪！
今天穿什麼？

媽咪！
今天穿什麼？

WE DO EVERYTHING FOR I THING TO MAKE YOUR LIFE BETTER

WWW.BYOUNG.COM

國家圖書館出版品預行編目（CIP）資料

媽咪！今天穿什麼？
一種潮態度，15 堂時尚課，資深服裝採購教你引導出孩子的自主美感！/ SuperMa 著.
-- 初版 . -- 臺北市：時報文化， 2015.01 面； 公分
ISBN 978-957-13-6142-0（平裝）

1. 親職教育　2. 子女教育　3. 時尚

528.2　　　　　　　　　　　　　　　　　　　　　103024358

媽咪！今天穿什麼？

一種潮態度，15 堂時尚課，
資深服裝採購教你引導出孩子的自主美感！

作　　　者	——	SuperMa
主　　　編	——	陳秀娟
文字撰稿	——	阮嵐青
封面設計	——	謝佳穎
內文插畫	——	王筱瑷
內文版型	——	葉若蒂
攝　影　師	——	高政全
髮型師	——	ZEAL（ZOOM Hairstyle）
校　　　對	——	SuperMa、阮嵐青、陳秀娟
行銷企劃	——	塗幸儀
董事長 總經理	——	趙政岷
第三編輯 部總監	——	梁芳春

出 版 者 —— 時報文化出版企業股份有限公司
　　　　　　10803 台北市和平西路三段二四〇號七樓
　　發 行 專 線 —— （〇二）二三〇六一六八四二
　　讀者服務專線 —— 〇八〇〇一二三一一七〇五
　　　　　　　　　　（〇二）二三〇四一七一〇三
　　讀者服務傳真 —— （〇二）二三〇四一六八五八
　　郵　　　撥 —— 一九三四四七二四時報文化出版公司
　　信　　　箱 —— 台北郵政七九～九九信箱
時報悅讀網 —— http://www.readingtimes.com.tw
電子郵件信箱 —— books@readingtimes.com.tw

法律顧問 —— 理律法律事務所　陳長文律師、李念祖律師
印　　　刷 —— 和楹印刷有限公司
初版一刷 —— 二〇一五年一月十六日

定　　　價 —— 新台幣三二〇元

特別感謝 ——

zoom

zoom hairstyling

媽咪!今天穿什麼?

──時尚大放送!活動回函──

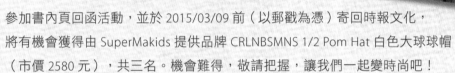

參加書內頁回函活動,並於 2015/03/09 前(以郵戳為憑)寄回時報文化,
將有機會獲得由 SuperMakids 提供品牌 CRLNBSMNS 1/2 Pom Hat 白色大球球帽
(市價 2580 元),共三名。機會難得,敬請把握,讓我們一起變時尚吧!

活動辦法: 1. 請撕下本回函(正本,不得影印),填寫個人資料(凡憑正本回函可無限制投遞)並請
　　　　　黏封好寄回時報文化,將抽出 3 位得獎者。
　　　　2. 於 2015/03/12 公佈在「Supermakids」和「時報出版──優活線」FB 粉絲團,並由專人通
　　　　　知得獎者。

─────────────── 對折線 ───────────────

讀者資料(請務必完整填寫,以便通知得獎者及當事人之權利)

姓名:＿＿＿＿＿＿＿＿＿＿＿＿＿＿＿＿＿＿＿ □先生　□小姐

年齡:＿＿＿＿＿＿＿＿＿＿＿＿＿＿＿＿＿＿＿＿＿＿＿

職業:＿＿＿＿＿＿＿＿＿＿＿＿＿＿＿＿＿＿＿＿＿＿＿

聯絡電話:(H)＿＿＿＿＿＿＿＿＿＿　(M)＿＿＿＿＿＿＿＿＿＿

地址:□□□＿＿＿＿＿＿＿＿＿＿＿＿＿＿＿＿＿＿＿

E-mail:＿＿＿＿＿＿＿＿＿＿＿＿＿＿＿＿＿＿＿＿＿

注意事項:1. 本回函請將正本寄回,不得影印使用。
　　　　2. 本公司保有活動辦法變更之權利。
　　　　3. 若有其他疑問,請洽專線:(02)2306 - 6600 分機 8215 塗小姐。

媽咪！
今天穿什麼？
S U P E R M A

一種潮態度，15 堂時尚課，
資深服裝採購教你引導出孩子的自主美感！

※ 請對摺後直接投入郵局，請不要使用釘書機。

| 廣 告 回 函 |
| 台 北 郵 局 登 記 證 |
| 台 北 廣 字 |
| 第 2 2 1 8 號 |

時報文化出版股份有限公司

108 台北市萬華區和平西路三段 240 號 7 樓

第三編輯部優活線 收